「ケチケチ」でなく
「コツコツ」こそが令和の金運！

令和にお金持ちになれる本

融資
匹野

プロローグ◉

「ケチケチ」でなく「コツコツ」こそが令和の金運！

令和で何が変わったか
もう一攫千金はころがっていない

わたしは、経営者として税理士として、多くの人を見てきました。

占い師さんのように瞬間的に見るのではなく、相手を長い目で見てきました。

やらなければいいのにという浪費によって大失敗を被った社長さんもいれば、私のアドバイスが功を奏して、「大きな失敗をするところを、すんでのところで助かった」という例などたくさんあります。

わたしのちょっとしたアドバイスによって、「金運がまわってきた」という人は枚挙にいとまがありません。

わたしに言わせれば、「金運が向いてくる」という流れは、しなければならないことを当然のようにやれば手にできることです。

しかし、昭和の時代、平成の時代はラッキーなタイミングであれば、大儲けもできたかもしれませんが、これからの時代は、そんなに一攫千金のチャンスがあるわけではないのです。

金運は、何もしなければ近寄ってこないのです。

昭和から平成になったときは、直後にバブルが崩壊して日本は「失われた〇十年」などと言われました。

そして元号が平成から「令和」に変更になりました。

平成の元号が使われているものはすべて改められることになりました。しかしそれで何かあなたの生活やビジネスに大きな影響が出てきましたか？

おそらく何も変わっていないと思います。

しかし、元号が令和に変われば、国の象徴である天皇陛下が変わったのですから、国の運命の流れも変わっていきます。

国の運命が変わるときに自分自身の運命も変わっていく

国の運命が変わるときに、自分自身の運命も変わっていく、いえ、変えていくんだ！という強い気持ちを持つことです。

この変化や空気の流れを良い方向に転換していき、波に乗ろうとすることが重要です。では「令和」の時代の新しい流れとは何でしょう。

その一つが「一攫千金」がゴロゴロころがっている時代ではなくなっていく、ということです。

平成の時代に、やれ不動産をころがせ、やれＦＸだ、やれ金塊だ、と煽るような動きがその時その時にありましたが、令和になると、それらが薄れていくはずです。

その理由は、令和になったのと軌を一にするように、ＡＩなどが発達してきたからです。一攫千金を手にする時代は、多くの場合「勇気ある決断」が必要でした。虎の子の財産を投資するときには、エイヤっという気合が必要だったのでした。

しかし、ＡＩが発達してくると、同じようなシステムを使っていれば、同じような結論になり、ＡＩが確度を上げていけば、一つだけの判断で大金を手にするような機会はなくなっていくはずです。例えば、かつて日本でセブンイレブンが始まった頃に、その株を手に入れた人が、それだけで大富豪になったことがありました。また、主婦の投資家が、ＦＸで大当たりしてお金持ちになった例もたくさんありました。

でもＡＩで多くの人が同じような結論を知り、同じような確実な予測を手にすると、一攫千金の機会はゼロではないものの、相当な比率で減っていきます。

次に、令和の時代のお金持ちの法則として、「ケチケチ」の蓄財を何も考えずに実行しても蓄財にならない場合がある、ということです。

その理由は、さらなるＩＴの発達で情報が加速して複雑になるからです。たとえば、あなたが「ケチケチ作戦」で日用品を節約していても、例えば令和元年から行われた「現金以外での消費税還元」という制度をよく理解していなかったら、せっかくケチケチで数パーセントの節約をしても、キャッシュバックの恩恵に預かれなくなります。つまり、「ＩＴが世の中の風潮を作ることができるように発達してきた」ということです。

日本人の陥りやすいミスに、「質素を心がける」ことならば、お金が貯まるだろうと考えてしまう点があります。たとえば、コピーをする場合に、ヤレ紙（失敗したコピーや一度打ち出したコピーで使わなくなったもの）の裏を使って、新しいコピーをする、というものがあります。

じつはこれ、そのように「質素を心がける」という面では、「コピー用紙代を浮かせた」と思ってしまいがちです。ところが、プロのコピー機のメンテナンスをしている人に言わせれば「裏紙を使うと、トナーでドラムが汚れがちになるんだよね」ということになります。数百円のコピー用紙代を浮かせたつもりが、じつは数万円もするドラムの寿命がかなり短くなるのです。

つまり、サプライ費用を浮かせたつもりが、余分なメンテナンス費用を引出してしまっている、というわけです。このように、「ケチケチ」で本当に得するのかというと、情報をかなり吟味しないとわからない場合があります。

ケチケチ作戦で先細るよりも「コツコツ」増やそう

表面的に「おトク」と思ったことが、じつは「ソン」を招く。令和の時代にはいろいろなところで起きそうです。そうなるとケチに徹していても、「お金が貯まる、金運が向上していく」とはいえなくなってしまいます。きつい言い方をすれば、「バカはケチをして、お金を捨てる」ということになりかねないのです。

昭和57年に起こったホテルニュージャパン火災、そのホテルニュージャパンの横井英樹氏の例は、ちょっと古いですがその例です。

彼はホテルの出費を抑えるために、火事になったら作動するスプリンクラーの設置をおこたり、ダミーの部品を取り付けただけでした。また、費用がかかるから従業員の防災訓練も行いませんでした。

結果として、本来ならボヤで済む程度の火災を、死者33人、負傷者34人を超える大火事にしてしまい、本人も刑務所に収監されました。彼は一階に置かれた高級家具の運び出しを優先、人命を軽視しました。彼こそは昭和を代表する「ケチ」の権化だったのだといえます。

では、新しい時代風潮では、どうしたらいいのでしょうか。


それが、「コツコツ」です。


「ケチケチ」と「コツコツ」はどう違うのでしょうか。

それは、ケチという場合は、今あるものをベースに考えて、そこでどう出費を抑えるかということになります。それも大事なことですが、情報収集をおこたったり何も考えないで実行すると、出費を抑えたつもりが無駄な努力になってしまいます。

一方「コツコツ」とは、今あるものを抑える行為ではありません。まずはよく考えて、よく研究して、新しい蓄財法（投資法）を少しずつ実行していくということなのです。

つまり、小口投資をねばり強く行っていく、これが「コツコツ」という態度なのです。

ポイントは「今あるものを抑える」のではなくて、「勉強して見つけた新しい蓄財について、小口でも継続していく」ことです。まさに「継続は力」となるのが、「令和」の投資術、蓄財術といえるのです。

令和になってからのあなたは「いま新しい動きとして何があるか」を常に意識して、勉強をおこたらないようにする必要があります。

そして、「ボーっと生きてきた」と思うあなたは、人から教わったことでしか、蓄財を考えられないかもしれません。それではダメです。「自分で考えてきちんと選ぶ」という態度でコツコツと続けることが重要です。

あなたは「わかっている人」になるのです。
あなたは「令和」を機会に、自己変革するのです。

目次◉

令和に「お金持ち」になれる本

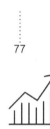

第5章◉
「お金持ち体質」を作る12の方法……103

■著者プロフィール

匹野 房子（ひきの・ふさこ）
1985年8月8日
匹野房子税理士事務所開所
2009年1月26日
税理士法人スライベックス設立
2018年5月1日
融資支援.Com合同会社設立

長年の税理士経験を活かして経営コンサルテイングのうち融資コンサルテイングに特化した業務に従事。幅広い業種の融資コンサルを手掛け、その数はゆうに1,000件を超えている。

「利は資なり」を座右の銘として、お金が回らなければ、会社に利益を残すことはできないとの持論を持っている。

企業に、資金付けをして、企業の発展に寄与することをライフワークとしている。

金運テスト❶

それではここで、あなたの金運を向上させるテストをしてみましょう。
次のイラストを見てください。

▲夜遅くまで、仕事をこなして
バリバリ働く

▲朝、犬を連れて、毎日散歩

さてこのイラストのうち、どちらにした方が金運が向上するでしょうか？

⬇正解は76ページ

第1章◉

「令和のライフスタイル」

ケチと節約　その差はどこに？

お金について一つ、大事なことをお話しましょう。

「小金は大金に繋がる」まさに言葉通りです、1円や10円の小さなお金を大切に貯めることで、やがて大きなお金につなげられます。

昭和57年頃、私が当時年収300万円以下の勤務税理士だったときのことです。当時の私と同じ、年収300万円以下の女性税理士さんと親しくさせていただく機会がありました。そのときの彼女、すでに預金が1000万円あったんですね。本業以外に投資しているわけでもありません。精一杯節約と貯金を積み重ねてきた結果です。

一方、私は同じ年収でも預金はほとんどない状態です。条件はほとんど変わらないのに、1000万円という大金を貯められたのはどうしてなのか?

その答えは、彼女の生活ぶりにありました。最初に言いますが、彼女はいつもきちんとした身なりをしていました。お化粧もきちんとしていますし、服もほつれやシワもなく綺麗に着ている人でした。

そんな彼女の家にお邪魔して、箱の中に詰めてある化粧品を見ると、もう私なら捨ててしまうようなわずかしか残っていない口紅やネイルなどを最後まですくい取って使っているのです。洋服も新しく買うのではなく、汚れた部分を洗ったりシワを伸ばしたりして一枚を綺麗に使い続けていました。お酒もそうです、むやみに飲みに出かけたりせず、一升瓶を買って少しずつ飲んでいます。そうして日々かかるお金を最小限に抑えて大金を貯めてきたのですね。

ビジネスの時の服装がいつもぱりっとしていて綺麗にしているため、誰も彼女のことをケチだとか貧乏だとか言うこともありません。彼女の堅実さが日々の生活にも身なりにも、そして預金額にも表れています。

ここで重要なのは、自分の女性としての魅力を高めるためにお金をかけるのではなくて、周りから信頼を得るためにお金をかける、ということです。

つまり、ケチが目的ではなくて、「コツコツ」努力して、自分への信頼を作っていくという点が重要なのです。

男性の場合も、ネクタイや背広を何着も持っている人がいます。結局着るのはそのうちの数着で、残りはタンスの肥やしになっているという人も多いでしょう。

そうなるのは、気の向くまま、オシャレのつもりで選んでいたりするからではないでしょうか。

それはもったいないことです。

選ぶ基準を、「周りからみて、きちんとしているなあ」と思われることにすれば、自ずと無駄な買い物は減っていきます。

気の向くままに買うのは、お金が逃げる習慣だと思います。かといって、いつも一張羅の背広を、汚くなるまで着るというのも考えものです。

それは「ケチ」をして「信頼を失う」に繋がるからです。

仕事で使う背広やシャツをクリーニングに出すことはとても重要です。

背広やネクタイ、ワイシャツは、言わば男性のユニフォームです。でも、そのユニフォームに気の向くままお金をかけて、買いまくるのは無駄です。オシャレをしているつもりでも、世間の目はそう見ません。

また、スーツやシャツを買うのは無駄とばかりに、「着ていればいい」という態度もどうでしょう。「そのケチ、大きなソンをしていますよ」と言いたくなります。

実際に会社にいる人の例をお話しすると、モデルのように綺麗な女性がいました。彼女は本当に毎日節約に励んでいました。一切無駄なものは買いません。毎日まとめ買いした冷凍のおにぎりを食べて節約していました。食事代にお弁当代、節約できるものはとにかくお金を使わないようにしていました。しかし、彼女は仕事場ではきちんとした身なりをしていました。つまり、信頼される服装には心がけていたのです。

その見た目を実現する一方で、彼女はお金を貯めていました。肝心なのは、そんな彼女がお金をかけていたのは、税理士試験の専門学校の授業料なのです。彼女の場合、ただ倹約家なわけではありません。重要なのは「これを節約して」そして「これに使う」というビジョン、確固たるベクトルがありました。

ここで「小金は大金に繋がる」という言葉をよく考えてください。彼女が日々節約した「小金」を授業料に使い、税理士資格を取得すれば、やがては「大金」に化けるでしょう。

重要なことは周囲の人に「貯め込んでいるな」「節約しているな」、果ては「ケチだなあ」と思われないようにすることです。

ケチじゃなく、堅実なお金の使い方をする方たちは、成功者の資質を秘めています。自己投資する部分がどこなのかをハッキリとわかっています。

ケチなのか節約なのかの差は、「目的があるかどうかではないか」と思います。ケチな人は、目的なくお金を貯めようとします。

節約家は目的を持って出費を削り貯金に励みます。仕事でちゃんと振舞えるように、使うべきものには使います。削れる部分は精一杯削りますが、ご祝儀やプレゼントなど人のために使うべきところはきちんと使います。目的があるから多少の我慢や無理もつらくありません。

もっと貯めようと楽しみながら節約できますし、自然と視野も広がり、さらなるお金儲けにつなげていくこともできます。

蓄財の基本は「小さく、そして長く」

年金や保険などの積立をコツコツしていくことを、私はとても重要だと考えています。

貯蓄は三角、保険は四角なんて言葉があります。

貯蓄の場合は2万円貯めれば2万円にしかなりませんが、保険の場合、2万円を払えば大金の保証をしてくれます。月々の積立が年数を経るごとに上がっていく三角のグラフが貯蓄です。一方、初回の支払いから全額が保証される保険のグラフは四角になります。貯蓄のように3000万円を全額貯めなくても、保険なら遺族に3000万円が、加入した時点から保証されるわけです。

これは大きいです。税理士としてもお勧めしますが、子どもがいる親の立場としても言わせてもらうと、保険には必ず加入しておくべきだと思います。

私自身は、イギリスのマン島に設立された「ハンサード」という保険会社の保険に加入しています。この保険を紹介してくれたのは、九州で人材派遣業を経営している女性です。その女性もハンサードの保険に加入していて、毎月、必ず郵便局に3万円を積み立てにいきます。3万円とはいえ、何年もそれを続けていくわけです。それは今すぐ何か目に見えるものに化けるお金ではありません。それを何年も毎月積み立て続けていくのは、なかなか精神的にも物理的にも苦労する部分があるでしょう。ええ、私だってそうです。

それでも、その女性経営者は何年も確実に積み立て続けていったんですね。あまりに何年も毎月積み立てに来るものだから、郵便局でスゴイと噂になったほどです。

このように小さなお金でも、継続して積み立てていくことは本当に大事です。結局のところ、月々に貯めるお金が将来に繋がっているのです。「今月はマイナスが出たけれど、また来月頑張って貯めればいいか」、そんなスタンスでお金と向き合っていませんか？　月々の小さなお金を大事にできない人が、大きなお金を手にすることはできません。

それとは真逆の話をしてみましょう。昔の話ですが、私の友人の弁護士、一つの事件の報酬として1000万円を手にしました。

私は思わず当時のボスに言ったものです。

「税理士なんてつまらないですね、弁護士はこんなに大きなお金を1件の案件でももらえるんですよ」

「私なんて、1か月の顧問料が2万円ですよ。1000万円なんて大金がすぐに入ることなんてないですから」

そう言った私に、ボスは「毎月いただく小さなお金を大事にしなさい」と言いました。

2万円は12ヵ月で24万円になります。10年、20年と顧問として継続して毎月お金をいただいた場合、いただくお金は250万円、500万円とどんどんと大きな金額になっていきます。決算料もありますし、長く継続すれば顧問料も上がるかもしれません。他のお客さんを紹介していただけて、得られる報酬が2倍、3倍になることもあるでしょう。

一方で、弁護士の場合は1000万円の大金を一度手にしたら、案件が終われればそれ以上に入ってくることはありません。

蓄財においても、「小さく長く」が基本です。

大事なのは、小さな金額でも構わないから、とにかく自分で決めたルールを必ず実行し守り続けることです。

蓄財と投資によって莫大な資産を築き上げ、定年時に全財産を寄付した伝説の蓄財家・本多静六は、給料の4分の1を貯金に回して生活していました。臨時収入も全て貯金に回します。これだけ貯金に回すと、生活レベルは同じ給料をもらっている人に比べてやや落ちるでしょう。

巨万の富を築いた彼でも最初の頃は苦しい生活をしてまで、こうした貯金の積み重ねをとても大事にしていたことがわかります。そうして少しずつ少しずつ苦労して貯めたお金で、日本鉄道株に投資して財を成したのです。彼は非常に貧乏な少年時代を過ごしていますから、お金持ちになるのに家柄など関係ありません。志さえあれば、誰でもコツコツと貯金して、やがてお金持ちになるチャンスはあるということです。

「平成の感覚」をぶちこわすヒントが電車の中にある！

本当に稼げる人というのは、よく社会情勢を見ているな、と私は感じるんです。知人に4億円のマンションを現金で購入した人がいるんですが、私が電車に乗っていたらなんと電車の中で偶然、お会いしたことがあります。彼は大富豪ですから、もちろん高級車も何台も持っています。そんな方が電車に乗っているものですから、驚いて思わず尋ねましたね。

「たくさん高級車も持っているのに、どうして電車に乗っていらっしゃるんですか？」

するとその方はこう言うんです。

「匹野さん、世の中のことはね、電車に乗らないとわからないんですよ」って。電車には、サラリーマンや学生、主婦、子ども……、年齢も職業も問わず、たくさんの方が乗っています。そういった方たちがどんなことに興味を持っているのか、社会には今どんな人が多いのか、電車の車両ひとつからでもよくわかるのです。電車に乗っていて、そんな社会情勢を気にしたことがありますか？　ほとんどの人がただつり革につかまって、今日も疲れたなとか、早く帰りたいとか、そんなことを考えているだけでしょう。

私にとっても電車は、この時まではただの移動手段のひとつにすぎませんでした。お金持ちになる人は、電車の乗り方ひとつ、ものの見方ひとつとってもこうも違うものなのかと感心させられました。こうしたちょっとしたものの見方、捉え方ができるかどうかが、お金持ちになれるかどうかを分けるんだなと痛感した出来事でした。

また、その方は言います。

「お金を稼ぐためには、社会をまずよく見ることが大事なんです。私は社会情勢を見て、何が求められているのか、自分の会社が発展するために何ができるのかを冷静に考えているんですよ」

つまりは、社会のニーズを知ることがお金を効率よく稼ぎ出すポイントなのです。この方は経営者ですから、会社単位でものを考えていますが、これは個人でも同じこと。世の中の流れを見ておのれを知ることがお金儲けの最初の一歩です。誰も求めていないのに、自分がやりたいことをやってお金を儲けようとしても、そんなことは無理ですよね？　社会の中にいる自分をしっかりとイメージして、人のため社会のために自分に何ができるのか、どうすれば人から喜ばれるのかを考えることから始めましょう。

私もその方に教わってから、電車の中で社会の動きを感じ取るよう心掛けるようになりました。たとえば今は、電車に乗って昔と違うなと感じるのは、インバウンドがすごく増えたということです。日本が観光立国を目指さなければならない時代が来たのか、と感じましたね。インバウンドに向けたビジネスが稼げるようになったんだということが、電車に乗ることで感じ取れました。

アジア系もヨーロピアン系も同じぐらい多く見かけるようになりましたが、彼らが日本に何を求めているのか、日本で何をしようとしているのか、何が欲しいのかということを模索しながら見ていると、色々と見えてきます。

たとえば今、インバウンドが何を求めているかというと、日本の薬だそうです。日本の薬は良いと評価されていて、彼らはまとめ買いをして帰っていきます。中国は漢方で有名ですが、自国にも良い薬はあるのに中国人もわざわざ日本で買っていくんですね。

また、百円ショップも非常に評価が高いです。日本では質の良いものを安く買えると喜ばれて、百円ショップの商品をお土産にすることも多いそうですよ。そんな情報からも、自分の会社を発展させるためのヒントが見えてきますよね。

本当に電車の乗り方ひとつでお金儲けに繋がるのか、と思う人も多いでしょう。ここはひとつ、その方を見習って、電車の中でヒントをもらった私の成功談をお話ししておきましょう。

不動産投資をしている私は、もともとは商業ビルなど普通のレジデンス（居住用不動産）ばかり買っていました。しかし電車の中の外国人が異常に増加したことをみて、これからはインバウンド向けのビジネスが伸びるなと感じ取った私は、ホテルに転向できる物件を買うようになっていきました。インバウンドが増えてなかなかホテルの予約が取れない状況だとわかったからです。それにより、インバウンドのニーズを満たすことができたうえ、投資も成功することができました。

少し話が逸れますが、会社員の方がマンションやアパートに投資して失敗する例があります。失敗する人の多くは、周りに勧められるがままに投資していたり、人が調べた情報を鵜呑みにしたりしているようです。また、調べ方も甘いことが多いです。ショッピングモールや人気企業、学校などの近くの物件を購入すれば儲かるだろうとか、利回りがいい物件だからとかいった安易な理由で購入すると、肝心の学校や企業が移転や倒産してしまったり、家賃が高いことで借り手がつかなかったりして失敗してしまいます。

それも自分で社会情勢を見て、自分で想像力を働かせ、自分で調べることで防げます。必ず自分で調べて、自分で考えて投資しなければいけません。家族に協力してもらう人もいますが、いくら信頼できる人であっても頼らないことが大事です。自分では難しい計算はできないというのなら、せめて収支計算書くらい自分で作成することが不動産投資のファーストステップだと思いますね。

また、事前にどれだけ情報を得るか、どれだけノウハウや人脈を手に入れておくかも重要です。信頼できる人脈があれば、工事や管理会社、各種手続きなどもスムーズにいきます。不動産投資で失敗する例のひとつとして、関係者に騙されたり、関係者が思うように動いてくれなかったりなど、関係者がうまく機能しないということがあります。設備投資だけさせられて、その後全く稼動しなくなったという例も少なくありません。

良い物件に投資することも大事ですが、その後のことやどこに依頼するのかまできちんと調べられる人が成功します。

投資は大きなお金を動かすことですから、失敗は許されないんだという覚悟を持って、必ず自分で情報収集と調査を行うことが大事です。

そして、投資に限りませんが、先にもお伝えしたように、社会情勢を知ることが何より重要です。社会を見て動きを知り、直感と想像を働かせて、今後の展開をイメージするのです。「そのためのヒントが電車の中にある」のです。

金運テスト❷

それでは引き続き金運テストを続けましょう。
比較的すいている電車の中で、一人の人は新聞を細かくチェック。
一方、もう一人は電車の中を見回して観察しています。

▲電車の中では、新聞や雑誌などを細かくチェックするのに集中する

▲周りに気を配り、どのような会話なのか観察して聞き耳を立てる

さてこのイラストのうち、どちらの人に金運がつくでしょう?

⬇正解は102ページ

第2章◉

「稼ぐ」と「回す」

お金を稼ぐことの最大のメリットとは「自分が成長できる」こと

現在はまさに起業ブームとなっていて、独立や起業をされる方が増えていますね。その一方で、１００人が起業してその内成功するのは３人だと言われています。

そもそも起業の成功って何なのか？　ということになりますが、私はまずは利益を出し続けられることだと思いますね。最低でも10年、利益を生み出し続けられることが成功じゃないでしょうか。起業して10年後に残っている企業は１割を切ります。それだけ利益を恒常的に上げ続けるのは難しいことなのです。

これだけ困難も多い起業ですが、皆さんはなぜ起業したいのかということを掘り下げてみたことがありますか？

動機は様々ですが、大事なのは起業した後なのです。起業の過酷さはある程度予想しているはずですが、実際に起業してから資金調達に苦しんだり、事業が廃れていったりしてどんどんと自信を打ち砕かれていきます。それで事業を諦めてしまったり、そこそこの売り上げで細々と商売していくことに満足したりする経営者も出てきます。

今は起業する人にとても有利な世の中で、事業計画さえきちんと作成すれば創業融資もすぐに集まります。起業して間もないと、本当にその事業がうまくいくのか、実績はどうなのかといったこともチェックすることができませんから、あくまで事業計画書通りに進められるものと想定して融資をしてもらえるわけです。これから起業される人は手厚い支援をもらえるという背景もあり、起業を目指す人が増えたのでしょう。

起業して成功できるのは約3％、実に97％もの人が失敗しているのですが、失敗の原因のひとつとして、「人に頼りすぎている」ことが言えると思います。もちろん何もかも自分ひとりでやっていくわけにはいきませんから、社員を雇ったりビジネスパートナーを作ったりしていくことにはなりますが、どんなに長い付き合いになったとしても信用しすぎてはいけません。

他人も信用してはいけませんが自分自身もそうです。裏切るというのとはちょっと違うかもしれませんが、後々自分の掲げた目標を変えたくなるかもしれませんし、体調不良によって事業継続が困難になるかもしれません。いつまでも同じペース、同じ環境で突っ走っていけるわけではありませんから、自分のことも信用しすぎず、常にリスク管理をしておくことが大切です。

自分自身も含めて、「人は必ず裏切るもの」だという考えを頭の片隅に置いておくことができなければ、実際に人から裏切られたときに廃業に追い込まれるようなトラブルにまで発展してしまうでしょう。

お金を扱う以上は横領のリスクもありますし、そこまでいかなくても、競合他社に引き抜かれたりといったこともあり得ます。全てを防ぎ切ることは不可能です。しかし、性悪説、つまり人を信用できないものとしてリスクばかり気にしていては商売をやっていけないのも事実ですが、リスクを予想しておくのとそうでないのとでは、いざというときの対処に大きな差が出ることでしょう。そして、その差が起業の成功と失敗を分けるのだと思います。

先にもお伝えしたように、起業の成功とはただ利益が出るだけではなく、何年も利益が継続することです。一発で大きく稼ごうなどと考えている人は、まず成功できません。また、好きな仕事を好きなようにしてお金を儲けたいという方もいらっしゃるでしょうが、そんな甘い話は通用しません。好きなことや自由なライフスタイルのために起業を望むなら、間違いなくあなたの会社は倒産するでしょう。動機として、好きなことをしたいというのは良いと思いますが、いざ起業してみると、好きなことをして利益を上げ続けるのがいかに難しいことかを実感させられるはずです。

また、そこまで稼がなくてもほどほどに安定した収入を得られれば良いと考えている人も起業するべきではありません。なぜなら、起業することの最大の意味はお金を稼ぎ出すことだからです。

社会貢献をしたいという方もいらっしゃるでしょう。しかし、その社会貢献をするためには、しっかりとお金を生み出し、動かさなければなりません。お金がなければ雇用も生まれず、いざというときの対処もできず、借金に追われれば自分のことだけで精一杯で社会貢献どころではありません。起業するなら億単位の年商を生み出すことをまずは目標にするべきです。あなたが起業を目指すなら、あるいは起業してもなかなかお金を稼げていないなら、まずは稼ぐことに執着してください。

お金に執着するなんてと眉をしかめる必要などありません。お金を稼ぐことが、社会貢献への第一歩なんです。まず売上1億円を超えることで、経営の土台と自信を身につけることができます。そして、それは今後あなたがビジネスで失敗したり、利益が頭打ちになったりしたときに打開していくための大きな力となるはずです。

もちろん私は、ただただお金を稼ぎなさい、何をしてでも儲けなさいとは言いません。先ほども少しお話ししたように、社会情勢を見て、社会のニーズを本当に理解してそれを満たすようなお金の稼ぎ方でなければ意味がないからです。人件費を極端に削ったり社員を酷使したりして経費を節約するとか、人に自慢できないことや法をかいくぐるようなことをして儲けるといったことをしても長くは続きませんし、それは成功者とは言えません。

人に喜ばれるビジネスをするために、お金を稼ぐ前にもお金を稼ぎながらでも、しっかりと社会の流れを見て学んでいくことが大事です。反対にいうと、お金を儲けるために学ぶことで自分自身が大きく成長できます。実のところ、お金を稼ぐことの最大のメリットとは、「自分が成長できる」ことなのかもしれません。

お金持ち店員のおはなし

前項目の起業の話に続きますが、起業する理由のひとつにお金儲けがあるとお伝えしました。それでは、お金を稼げる仕事、お金に繋がる分野ってどんなものでしょうか？　もちろんそれは、時代や社会のニーズによって変化しますから一概には言えません。人それぞれ自分に合った分野がありますから、まずはそれを見極めることから始めるべきですね。

私の場合は、不動産投資を選びました。不動産投資の詳細については、後から出てくる第4章および拙著「巨富を築くための不動産投資」で詳しくお話ししますのでここでは省きますが、私が不動産投資を選んだのは、自分との相性の良さと原価の高さが理由です。

たとえば原価の安い食べ物を何百個も売って、大きなお金にするのはとても大変ですが、不動産は初期投資にお金がかかるものの、その後大きなお金に変えることができます。そして、株などに比べると比較的安定した収入となるのも魅力です。私は薄利多売は性に合いませんし、株やFXは一気に大金を失うリスクがあるためちょっと勇気が出ませんでした。その点、私にとって不動産は非常に相性が良いと感じたのです。今ならIT関係が時流に乗っていて取扱高も大きいですからお金につなげやすいと思います。大きなお金を扱うと、大金を得られる可能性が高まります。その分リスクも大きいですが、そのリスクをいかに減らすかが経営者や投資家の腕の見せ所です。

私がとあるパーティーに出席したときに、若いご夫婦とお話しする機会がありました。そのご夫婦は、まずは株で儲けたお金を貯めて、私と同じように不動産投資を始めたそうです。最初は少額の投資から始めて、今や何千万単位の不動産投資をしています。そんな裕福なご夫婦の職業をお聞きすると、なんとCDレンタルショップの店員さんだというではありませんか。その店の社長も、まさか自分の店の店員がこんな大きな不動産投資をしているとは夢にも思っていないでしょう。おそらくは、社長の給料や資産さえ上回るお金を店員が持っているのです。これをお聞きして、お金を儲けるのに職業や地位は関係ないのだな思いましたね。しっかりとお金についての知識を学び、投資する勇気を持つことで、お金持ちになることは可能なのです。

ほかにも、中年の人がコンビニのアルバイトをしていて、周りの若いアルバイトから「いい年をしてバイトなんて」と馬鹿にされていたら実は株で儲けたお金持ちだった、なんて話も聞いたことがあります。これも、電車に乗るお金持ちと同じことでしょう。コンビニには年齢性別貧富の差を問わず、多くのお客さんが訪れます。そこで観察していれば社会情勢を感じ取ることができます。さすがにこれは稀な例だとは思いますが、それぐらい世の中を観察することが、お金を得るためには大切なことなのです。

お金という点だけで見ると、このCDレンタルショップの店員の方やコンビニでアルバイトしている中年の人の方がはるかに豊かです。どちらが良いかと聞かれたら、それは職業など関係なく、金銭的に豊かな方が人生は楽しいと思いませんか？　中には、「いいや、自分はお金よりも努力して経営者になることに人生の意味を見出すんだ」と言う方もいるかもしれません。お金より地位や事業内容にこだわる経営者が果たして成功できるでしょうか。場合によっては事業を大幅に変えたり社長の地位を誰か別の人に譲ったりしてでも、お金を稼ぎ出せる経営者の方が私は本物だと思います。

　お金があるだけで人生の選択肢が一気に広がります。ビジネスを起こしたり海外留学したり株や不動産投資をしたりなど、お金があればやってみたいことに挑戦することは可能ですね。お金がなければ、たとえ高い地位にあったとしてもできることが限られ、やりたいことも我慢しなければなりません。お金が人にとって最も大事なものだとまでは言いませんが、お金の有無は人生の豊かさを大きく分けるのは確かです。

　株や不動産などの投資には当然リスクも伴いますから、安易に「さあ始めませんか」とは言いません。**しかし、物質的にも精神的にも豊かな人生を手に入れるために、今のあなたの地位や職業などは一切関係なく、あなたにも大富豪になれるチャンスが投資なのだということだけはお伝えしておきましょう。**

お金を「稼ぐ」のではなくお金を「回す」

お金持ちにとって、お金を稼ぐということは、お金を「回す」ことでもあります。たとえば、百万円を貯めて手元に置いておけば、何年経とうがそれは百万円ですよね。預金に回したところで、マイナス金利の日本ではわずかな利息にしかなりません。

お金持ちは百万円あれば、それを元手にいかに増やしていくかを考えます。一時的にお金の一部が減ってしまいますが、将来的に増えることを予想して運用していきます。そこで利益が出ると、さらにそれを運用してどんどん「お金を回す」んです。

お金持ちはリスクがあるならどうすればリスクを減らして儲けられるかを考え、必死に勉強するんです。お金持ちは非常に粘り強いため、投資のために勉強したり利益が出るよう試行錯誤したりと、必要なことならどんなに時間がかかってもじっくりと取り組みます。

将来的に儲けになる可能性があるなら、最初から諦めるようなことはせず努力を惜しみません。お金や投資について学ぶために多少のお金を使うことさえ厭わないでしょう。書籍やセミナーにお金を出してでもお金について勉強しておくことが結果的に儲けに繋がると知っているからです。

お金を回す方法として一番に思いつくのは「投資」です。不動産や株式、仮想通貨などの投資によってお金を回し、結果的に投資した以上のお金を得るという稼ぎ方です。

ただし、当たり前ですが、投資は後に儲けに繋がらなければ意味がありません。回収する見込みと投資計画・運用方法を熟考してからでなければ、ただの大損になるリスクが高まるでしょう。

しかし、ひとたび運用がうまくいき始めると、今度はあなたが動くのではなく、お金が勝手に動いてくれるようになっていきます。いわゆる不労所得ですね。お金が勝手に入ってきて、勝手に貯まっていく、そんなシステム作りをすることがお金を回すということです。

ほとんどの人が、自分が働いて稼いだ分を自分のために使い、はいそれで終わり、というお金の動かし方をしていますが、大きなお金を稼ぎ出すには、入ってきたお金をいかにうまく使うか、そしていかにして大きなお金に変えて自分の手元に戻すかという考え方が必要です。

当然、元手が大きいほど見返りも大きなものになります。百万円を投資するか、一千万円を投資するかでは、返ってくるお金にも大きな差が出るでしょう。とはいえ、貯金が底をつくほどのお金を投資に回してはいけません。投資は基本的に損をする可能性があるということを理解しておくことが肝心です。投資先に失敗してリスクを抱えたとしても、そのときに何ら生活に影響なく生きていけるだけのお金は、必ず残しておかなければなりません。投資して、そのお金が二度と戻ってこなくても困らない金額を投資するべきです。

つまり、最初から大きなお金を投資するのではなく、少額から始めていくんですね。焦らず最初の投資から利益が生まれるのを待って、そのお金を回していくことでやがては大きな利益が生まれます。元から資金があった富豪でない限り、皆そうして少額の投資から始めて大きな利益につなげていったのです。

基本的にお金持ちは、自分の資産とは別のところでお金を動かします。自分の資産には一切手をつけず、投資で儲けたお金や使う予定のない余裕のある資金だけを回していくため、少々失敗しても懐が痛むことはありません。よくコップの水には手をつけず、コップからあふれる水を飲むのがお金持ちだと言われますね。貧乏人はコップの水を飲むから水が溜まらないのだと。つまり、お金持ちは自分の資金にプラスアルファされるお金を全て運用に回し、資金は資金としてしっかりと貯めておくことで、お金に困ることなく投資していけるのです。

元手がない、資金がないというなら、貯めてから行うべきです。自分の生活が圧迫されないだけの準備をきちんと整えてから投資することが大事。負債が資産を上回るようなことだけは絶対に避けなければなりません。一攫千金のような投資の仕方はやめましょう。投資は長期戦です。生活費を確保しつつ、無理のない範囲で投資していってください。

株や不動産以外の投資もあります。自分の時間や労力の投資、人件費への投資なども投資です。広告費用も投資ですね。自分の会社をより良くするために人材や設備にお金をかけることも立派な投資ですし、自分の才能を高めるために海外で学ぶのも、自分の会社を宣伝するためにお金をかけるのも投資です。将来のために自分の持っている資本を投下することは全て投資ですね。

こういった直接的にお金に繋がる投資でない場合、なかなか儲けるという意識を持ちにくいかもしれません。何とかお金をかけずに学んだり、人を教育したり、良い人材を得たりすることはできないものか。そう考えるかもしれませんが、ハッキリ言ってまず無理でしょう。

ビジネスで成功すると決めたなら、最初は自己投資や設備投資、人材投資にお金を惜しんではいけません。特に、自分にない知識や経験を増やすためのお金はどんどんと使わなければ、お金持ちになるために最低限必要な情報や知識さえ手に入れることはできません。

情報や知識はとても貴重で重要なものです。セミナーやネットの情報商材、書籍などによって、多くのお金をかけずに学ぶこともできます。また、元手さえあるならビジネスコンサルタントに相談しても良いぐらい、貪欲に情報収集はするべきです。コンサルティング料は非常に高い場合が多いですが、長期的に見れば大きなお金に繋がる可能性は高くなります。

インターネットで無料で見られる情報には限りがあります。お金をかけず無料の情報で学んで利益を出そうとする人が意外と多いですが、その方法ではみんなと同じ儲け方しかできず大きな結果に繋げにくかったり、そもそも情報不足でビジネスに繋げることができなかったりと、あまり役には立ちません。

初心者が概要を知るぐらいの役には立つかもしれませんが、これから大きなお金を動かしたいと思っている人が見る情報としては物足りないはずです。損をせず楽をして学ぼうというのは甘いのです。ビジネスの成功に初期投資は必要不可欠であり、そのために必要なお金を努力して貯金するぐらいのことができなければ、経営者や投資家として成功することはできないでしょう。

金運テスト❸

次のイラストには、働く女性が二人います。

一人の女性は、計算に強く、いろいろな物を節約しています。ひと月にどれだけお金を貯められるかケチケチ作戦を実行しています。一方、もう一人の女性は、職場で着るものを定期的に買って、綺麗にしておくことにこだわっています。

さて、どちらの女性の方に、金運がついてくるでしょうか？

⬇正解は144ページ

第3章●「使う」

お金をあげるって嫌らしくない

お金を稼ぐためには、賢く使うことも大事です。せっかく稼いだお金を自分のところで留めていては、それ以上のお金は得られません。余計なお金は使うべきではない、というお話もしましたが、ここでは反対に身近でお金を使うべきところについて詳しくお伝えしたいと思います。

人のために使ったり、物に使ったりとお金の使い方は人それぞれ自由ですが、たとえばお金を人のために使うのなら、「いかに相手の心を動かすか」を考えながら使うことを意識してください。いかに相手を心地良くさせるか、喜ばせるかということを考えることが人間関係を築くための基本だと私は考えています。海外のホテルに泊まったときにチップを渡したりしますよね。それと同じことを、私は普段から行うようにしているんです。

人にお金をあげるなんて、何となく嫌らしいと思う方もいるかもしれません。だけど私は、相手の好みかどうかもわからない食べ物やプレゼントをあげるよりも、少しのお金でも現金であげる方が喜んでもらえると思っています。

確かに、ただ「これあげるよ」なんて言って懐にそっと忍ばせたり、特に理由もなくお金をばらまいたりするのは嫌らしいですが、たとえば暑い中来てくれた営業さんに「これで冷たいものでも飲んでちょうだいね」と渡したり、相手がこちらのために何か特別なことをしてくれたときに「これでランチでも食べてね」と一言添えたりするだけで、相手も気軽に受け取りやすくなります。

そう、堂々と渡しちゃえばいいんです。お金をあげるのは気が引けるけれど……と渡す側が何となく罪悪感を抱えてしまえば、もらう側も気まずくなってしまうでしょう。まずお金は嫌らしいもの、お金の話はしてはいけないという考え方をなくすべきです。二千円の現金と二千円分のプレゼント、同じことではありませんか？　現金は嫌らしくてプレゼントはそうでないということはありませんよね。相手が気後れすることなく受け取れるよう上手に渡せることも、お金を持つ人に必要な資質のひとつだと思います。堂々と気持ちの良い態度で渡してあげると、それだけで人間関係も仕事も、いろんなことがスムーズにいくことだってあるんですよ。

たとえば、相手の誕生日や年末年始などの特別な日にちょっと茶封筒にお金を入れて贈ってみるのも良いでしょう（ただし、これは相手が自分と対等か、自分の方が上の立場に当たる場合に限りますね。さすがに目上の人に対しては失礼になります）。お歳暮やお中元を欠かさないようにしたり、自分や自社のミスで相手に迷惑をかけるようなことがあったときに誠意としてお金をそっと渡したりといった気使いをすることも大事です。

お金の使い方、渡し方を工夫してほんの少し気持ちを見える形にするだけで、コミュニケーションが生まれたり、信頼が深まったりすることに繋がっていくのだと思います。

子どものお小遣いについても、うまく使うことで将来お金持ちになるための資質を養ってあげることができます。ここでは子どもの例でお話ししますが、これは経営者が社員や取引先を動かしていくときにも役に立つ考え方だと思います。

よく「これをやってくれたらお小遣いをあげる」と言って子どもにお手伝いをしてもらう親がいますが、これでは、お金持ちの最重要条件とも言える「自主性」を養うことができません。自分で考えて自分で動くという大事な能力を失ってしまうでしょう。目先のお金のためだけに、言われたことだけを頑張る子になってしまいます。早く仕事が終わればいいのにとボヤいているサラリーマンと同じことになってしまうわけですね。

サラリーマンの場合、月に決まった給料をもらいますから、ほとんどの人が「どれだけ働いても給料は同じ」という捉え方をしてしまいがちです。「月にこれだけの給料で、あれもこれもしなければいけない」と考えてしまいます。人間は楽をしたい生き物ですから、決まった金額しかもらえないなら、できるだけ労力を少なくして多くのお金をもらいたいと考えます。これでは仕事効率も成果も落ちる一方です。

それを、「月にこれだけもらえるから、あれもこれもしてあげよう」と考えられるようになれば、仕事はもっと楽しめますし評価も高まりますよね。子どもにはお金持ちになってほしい、お金持ちの資質を養ってほしいと望むなら、やってくれたことに対する対価としてお金を与えるのは避け、子どもが自主的に行動するようになるお小遣いのあげ方を心がけるのが良いでしょう。

大事なのは、「これをやってくれたからお金をあげる」というのではなく「お手伝いをしてくれるその姿勢にお金をあげる」という与え方をすることなんです。最終的に子どもの方から「何か手伝おうか？」「これやっておいたよ」と言ってきてくれるようになれば、万々歳ですね。そうなれば、お小遣いの与え方も子どもの資質を養うことも、成功できたと言えるでしょう。

大半の子どもが家事を手伝うメリットは、お小遣いでしかないんです。

それでは子どもが積極的に家事に参加するようになるためには、どうすれば良いのか？　答えは、感謝すること。それぐらいのことかと思われるかもしれません。しかし、「これをやってくれたおかげでとても助かった！」「これをやってくれて本当に嬉しい」と心から感謝の気持ちを示すことで、子どもは「自分がお母さんを助けているんだ」「こうすると家族が喜んだ」と気付きます。

お金をあげるタイミングは、子どもが自分からやるべきことに気付いて行動したときです。子どもが自分でやるべきことを見つけて「これを手伝おうか？」と声をかけてきて手伝ってくれた後に、お礼を言ってお小遣いをあげると良いですね。自分から動いて相手から感謝される、そしてその気持ちがお金に変わる。そう気付いたら、子どもはまず「お母さんに感謝してもらえるようになるには何をすれば良いのか？」を考えるようになるでしょう。自分がどうしたらお母さんの役に立つのか、お母さんがラクになるのか、そんなものの考え方ができるようになります。お金のことを考えるのはその後です。

結局のところ、仕事においても同じことだと思います。

相手に感謝してもらえることを探す。そしてそれを報酬に変えていく。まずは仕事においてその考え方が根本になければ、お金につなげていくことはできません。

子どものお小遣いのあげ方ひとつで、あなた自身の経営者としての資質、お金持ちの資質も問われるわけですね。

円満な家庭こそがお金が貯まる根源

お金を惜しんではいけないもののひとつとして、自分が毎日帰る家、家庭、家族が挙げられます。家庭と仕事には密接な関係があります。仕事を懸命に頑張るうえで、しっかりと心と体を休ませる場も必要だからです。人は24時間、３６５日、仕事をしていることはできないですよね。

仕事に全力で取り組むなら、毎日のように接するものや人に対しては、本当に居心地の良いものにしておかないといけません。仕事の場合は上司や職場、事業を変えれば良い状況を手に入れることはできますが、家族や家庭はこの先の生涯をともにしていくもの。だから、暖かく居心地良いものを築いていかないといけないんです。そのためにお金が必要な部分は、きちんと使っていくべきでしょう。

当たり前ですが、奥さんにカードを渡して好きなように買い物させたり、子どもがワガママを言うたびに過剰なプレゼントを買い与えたりしてお金を使いなさいという意味ではありません。たとえば快適なマイホーム、家族旅行などのコミュニケーション、子どもの教育費、保険、老後の資金などにお金を惜しまないことが大切です。家族が心地良く心身に余裕を持って暮らせるよう環境を整えることが家長の義務ですね。

極端な話、私は仕事がうまくいかなくても家庭がうまくいっていればいいとさえ思います。家族の支えがあれば仕事もまたやり直せますし、家族のために頑張ろうと思って踏ん張れたらいつか盛り返せる日も来ます。何より、人生が楽しくて自分自身がいいオーラを出せるようになりますから、自然と仕事にも良い影響を与えられるでしょう。この人は信頼できる、仕事を任せられると思ってもらえるようになり、やがては仕事もうまくいくようになります。

仕事だけうまくいって家庭が冷め切っている場合、仕事がうまくいかなくなったときにさっさと家族は離れていくでしょう。そうなったときにあなたに何が残るでしょうか。家族、仕事、自信、意欲、多くのものが奪われ孤独だけが残ります。身の回りのこともおざなりになるでしょうし、仕事での信頼も失ってしまいかねません。

あなたは家庭や家族のために何をしていますか？　仕事をすることが家族のためだと答えるなら、人生を無駄にしていると言っても過言ではないでしょう。お金を得ることは大事ですが、それが目的になってしまってはいけないということにまず気付いてください。あなたが独身であっても、両親や大事な友達がいるでしょう。お金の先に何を見るべきか。お金を得て家族に与えるのではなく、お金を得て家族と一緒に使うことを意識しましょう。

あなた自身も、家族の一員だということを忘れていませんか？　あなたも含めた家族のために使うことこそ、本当のお金の使い方です。

平日は遅くまで働き、休日はひとりで部屋にこもったり趣味の場に出かけたり、そんな生活をしている人は今すぐ反省すべきです。既婚でも独身でも、家族のためにできることはありますね。疲れているからとか、仕事上の付き合いがあるからとせっかくの休みでも家族との時間をみすみす捨て去るようなことをしてしまえば、家族の不満は少しずつ溜まっていき、やがては家庭が揺らいでしまうでしょう。

ときにはひとりになる時間を作ることも悪いことではありませんが、休日の自分に使う時間の半分でも、家族とのコミュニケーションに費やすよう心がけてください。また、家族のお祝い事には何をおいても家族を優先することも家庭円満のコツです。奥さんの誕生日や結婚記念日、子どもの進学など節目節目で家族と喜びを分かち合うことが重要。ときには奥さん（あるいはご主人）にちょっと贅沢なプレゼントをするのもいいですね。あなたに何かあったとき、帰ってくる場所をきちんと温めておくことで、仕事にも余裕を持って視野広く取り組むことができ、ビジネスを成功させることができるんです。

ビジネスはいつもいつもうまくいくとは限りません。赤字になることもあれば、大きな損失を出してしまうこともあります。そんなときに、あなたがしっかりと家庭を築くことができていたか、家族を大事にしてきたかがハッキリと現れるでしょう。赤字になったとき、本物の家族はそんなときこそ力を合わせて乗り切ろうと協力しようとします。あなたが家族を大事にしてこなかったなら、家族は「迷感をかけられた」という意識を持ちます。薄っぺらい家族は、うまくいっているときしか機能しないのです。そうならないよう、日頃からしっかりと愛情表現をし、絆を深めておくことを大事にしてください。

夫婦関係が円満にいっていると、お金を稼ぎやすいと言われています。これは、一緒に仕事をしているかどうかは関係ありません。仕事がうまくいっているときもそうでないときも、パートナーの支えがあれば、家族のために頑張ろうと踏張れる意欲が湧いてきます。いざというときの底力となるのは、家族の支えなんですね。

また、稼いできたお金の使い方や今後の計画について夫婦で話し合うことも大事です。家計の管理をパートナー任せにせず、定期的に二人で話し合って貯蓄はこれぐらいでいいのか、もっと節約しなければいけない部分はないのかなど、振り返ると良いですね。

そして、仕事で目標を持つのと同様に、プライベートでもお金の目標を持つことが大事。マイホームを建てるとか、海外に移住するとか、とにかく○○円を貯めるというのでも良いと思います。二人で共通の目標を掲げて協力し合うことで、お金が貯まっていくだけでなく絆も深まっていくでしょう。家庭のお金のことで話し合える相手は家族だけです。目標額を達成すれば二人で喜びを分かち合えますし、届かなければ協力し合えます。だから、お金の話はどんどんと夫婦でするべきだと思いますよ。

ただし、相手をお金のことで責めたり不満を言ったりするのだけはいけません。もっと節約してほしいとか、ここにお金を使いすぎじゃないかとか、もう少し稼ぎが欲しいなど、お金のことでマイナスなことを口にすると、円満どころかたちまち夫婦の関係に亀裂が入ってしまいます。わざわざ愚痴や不満を言わなくても、前向きにお金のことで話し合いをすれば、自然と自分が何をするべきか、自分に何が足りないかは気付くものです。

お互いを信頼して、二人で一緒に貯蓄を増やしていくんだという意識を持つことで、「お金が貯まる家庭」を築いていけるのです。

おひとり様男女のお金の使い方にこそビジネスチャンスがある

今の時代、ミドル世代の「おひとり様女性」が増えつつありますね。女性がひとりでも十分に楽しく快適に生きていけるようになりました。男性と同じように大きく稼いでいる女性もたくさんいます。40代、50代、60代とひとりで生きてきた女性は、本当に強くてパワフルです。十分なお金はありますし、自分が納得できるものにはとことんまでお金を使います。納得できないものには一円だって払いません。とてもハッキリしていてわかりやすく、この世代のおひとり様女性が一体どんなものにお金を使うのかに注目すると、ビジネスのヒントが見えてきます。

特に、趣味や娯楽の分野にお金を惜しまない人が多いようです。

また、美容やおしゃれ、学びなどにお金を使う方も多いです。自分磨きをしたり人生を楽しんだりするには、ある程度のお金が必要になるんですね。

こうしたパワフルなおひとり様女性は何を求めているのか？ それは品質の良いものです。若い頃と違って、この年代になるととても目が肥えていて、安いからといって飛びつくわけではありません。たとえばスーパーマーケットの安売りの野菜も、質が悪ければどんなに安くても買おうとはしないでしょう。結局安いものばかり選んで買うと、美味しくなかったり、すぐに傷んだりして食べられないことを知っているからです。リーズナブルな価格でできるだけ良いものが欲しい、これがこの世代のニーズです。

また、食べ物の例でいくと、この世代は決してたくさんの量のものを必要としません。良いものを少しだけ欲しいんですね。素材の良いものを少し買い、自分で料理して好みの味付けで食べたいのですから、出来合いの惣菜も売れません。

そしてニーズに応えてくれるお店には何度でも足を運びます。反対に一度でも期待を裏切られると二度と近づきません。その辺りはとても徹底しているようです。

さらに、健康面も強く意識していますから、安いものより少々高くても体に良い食べ物を選びます。お茶を選ぶにも血糖値を抑えるなどの表記があれば、少し高めでもそちらを選ぶでしょう。無添加やオーガニック、無農薬などにもこだわっているはずです。そういったニーズを理解したうえでおひとり様女性に注目したビジネスをするのも良いですね。

厚生労働省が2018年に発表している「健康寿命」（健康に問題がなく、日常生活を快適に過ごせる期間）は、男性が72・14歳で、女性が74・79歳となっています。女性の方がやや上回るのは、健康意識の違いでしょうか。男性の場合、深夜まで仕事をして遅くに食事をしたり、お酒やタバコを過度に取り入れてしまったり、食事を作れないからラーメン屋にばかり出かけたり、といった生活習慣の乱れや健康意識の違いが健康に影響を及ぼしやすいことが考えられます。本当は健康意識が低めな男性こそ、健康分野に興味を持って欲しいのですけどね。

一方で、老後のことを考えて貯蓄もしっかりしていかなければいけません。30

代までは娯楽や飲み会などに気軽にお金を使ってきたかもしれませんが、40代からは不要なお金を使わないよう気を付けるようになってきます。そうなると、本当におひとり様のニーズに即したビジネスが必要になってきます。食事や趣味・娯楽・家事など、女性がひとりで生きていく上で必要なもの、大事にしたいものをリーズナブルに提供していくビジネスが伸びてくるのではないかと思いますね。

男性のおひとり様についても掘り下げますと、どんどんと外に出かけていく女性と違って、ひきこもりになる傾向が強いようです。そのため、室内娯楽や室内で楽しめる趣味・コレクションなどにお金を使いがちです。テレビやパソコン、電化製品、車や骨董品の収集などにお金をかけるのも男性の方が多いですね。

どこにお金を使っているのかというところだけを見るのではなく、何を求めているのかを先回りして知ることです。それを探ることで、ビジネスの幅が大きく広がるでしょう。

お金持ちは、自身のモチベーションを高めるためにお金をつかう

遊びに使うお金は、当然年収によっても違いますし、既婚者と独身者、子どもがいるかどうかでも違ってきます。家庭の事情やライフスタイルにも寄るでしょう。そのため年収の何割が良いなどといった形で表すのは難しいですね。ほとんど遊んでいる暇などないという場合は月に2、3万円だという人もいるでしょうし、たまにしか遊ばないが使うときは数十万円使うという人もいるでしょう。それが生活費を圧迫しないのであれば、私は個人の自由で使えば良いと思うのです。

ただ、使い方にはこだわるべきですね。大事なのは、「自分のモチベーションをあげるお金の使い方かどうか」「自分に希望を持たせることができるかどうか」、

明日も明後日も、今後の毎日が楽しいと思えるような、先に希望が見えるお金の使い方ができたら最高だなと思います。

お金を少しずつ貯めて、ずっと欲しかった高価なコレクションを購入するのも良いでしょう。それによって自分のモチベーションが高まり毎日を楽しく過ごせるようになるはずです。また、海外旅行が趣味ならそこにお金を使うのも良いです。普段はほとんど使わないが、旅行に行ったときには惜しまず娯楽やモノに費やすというのもテンションが上がりますね。

文学や音楽など、芸術にお金を使うのもおススメです。芸術は人間に希望を持たせてくれるものですから、作品に触れることで視野が広くなったり心が柔軟になったりして、それがビジネスにも良い影響を与えてくれることがあります。直接的にビジネスに役立つわけではなくとも、人として成長させてくれたり、しっかりとリフレッシュできたりする趣味や娯楽にお金を使える人は賢明ですね。

本物のお金持ちは、そうした遊びに対するお金の使い方も上手です。不必要に友達に奢ったり、贅沢な食事をしたりもしません。贅沢な食事や高価な物にお金を使うのは、見栄を気にする小金持ちでしょう。本当のお金持ちは見栄にお金を使うのではなく、自分が心から尊敬している大事な人と会ったり、流行りのモノや場所に触れて流行を理解したりするためにお金を使います。意識的にビジネスのヒントを遊びにも求めるんですね。自然と不要なものや思いつきのものにお金を費やすことがなくなり、有効な遊び方ができるようになるんです。

価値があるもの、良いと思うもの、自分の役に立つと思うものには少々高価でもお金をかけるべきだと私は思っています。たとえ遊びでも趣味でも、価値があるなら使っても良いんです。どれだけ素敵な娯楽費を使えるか、それでその人の資質がわかるとさえ言えます。なぜなら、お金を使うことは、それだけで新たな経験値となり、自分を成長させることにも繋がるからです。大事な人と会うためのお金も惜しんではいけません。たとえその人が海外にいるのだとしても、旅費をかけてでも会いに行くべきです。

人にしろモノにしろ、人生を豊かにするためにお金を使えた人こそ、巡り巡ってお金持ちになることができるのですね。

お金持ちとそうでない人とでは、遊ぶためのお金の使い方ひとつとっても違います。貧乏な人は、1万円あればちょっと美味しいランチを食べたり、映画を観たり、服を1枚買ったりなど、普段の生活にほんの少しプラスアルファになるような使い方をします。

一方、お金持ちは、1万円余分なお金があれば、自分自身を向上させることに使うでしょう。自分の知識や経験を増やすために、たとえばビジネス書籍を買ったり、セミナーを受けたりするはず。あるいは、自分のビジネスに役立つものを買い揃えるかもしれません。飲食業なら1万円でお酒やコーヒー、高級食材を買ったり、IT関係のセミナーを受講したりなど、とにかく自己投資しようとします。わずかなお金も無駄にしないストイックさがあるのですね。

お金持ちにとってお小遣いや娯楽費は、あってないようなもの。全てがビジネスに通じているんです。そう、言い換えるならビジネスが娯楽のひとつにさえなっているのかもしれませんね。それぐらいビジネスに貪欲なのがお金持ちの特徴なのです。

金運テスト❶の正解

朝型になることをお勧めします。

あなたが平成元年のころの「24時間戦えますか」というCMを見て、どう思いますか？「当時はブラックな風潮だったんだなあ」と思う人が多いでしょう。

しかし今の時代、仕事をしてお金を稼ぎ出そうという意志を強く持っていれば、自然と朝早く目が覚めてしまうものです。たとえば、翌日の朝イチから大事なプレゼンがあるとなれば、自然と早く起きてしまうでしょう？　それと同じことだと思います。お金を引き寄せられる人は、朝早く目が覚めるのです。

「自分はお金を稼げるようになりたいから、朝早く起きるようにしよう！」という意志を持って早起きする習慣を身につけましょう。ダラダラと朝遅くまで寝ている人は儲かる人にはなりません。金運が向いてくる人は、時間が貴重だということを頭でなく体で理解できているようです。いかに一日の時間を有効に使うかを意識しながら行動することができるため、自然と早起きをします。

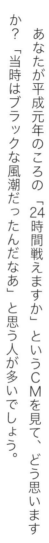

第4章◉

「投資する」

不動産投資のキモは時代を先取りすること

どこに投資するべきかというのは、先にもお伝えした通り、相性がありますからハッキリとどこが良いとは言えません。投資って、本当に深いものなんです。本当に自分が惚れ込んで、損をしてもいいと思えるぐらいの投資でなければやるべきではないと断言します。投資したからには儲けに繋げなければいけませんが、儲かるだけの投資、確実に利益に繋がる投資というのは、見極めが本当に難しいです。どんなに先見性があっても、投資を始めた初期段階から事業投資の是非は論じられません。

地震などの天災への備えや、社会情勢も加味することができる人だけが、不動産投資で成功できます。

私が今、不動産投資において注目するのは、外国人が好みそうな場所や、絶対に廃らない場所です。

たとえば新宿区、渋谷区は日本人にも外国人にもとても人気があります。蔵前、浅草、上野は少し前まではあまり注目されていませんでしたが、今は価格が2倍ほどになっています。実際にそこに足を運んで歩いてみれば、その理由がわかりますよ。話だけを聞けばわからないかもしれませんが、実際に現地に行って環境や雰囲気を見て、社会情勢を見聞きして実地検分することを繰り返していけば、どこに投資するべきか見えてくるようになります。

不動産は特に大きな金額を扱うため慎重になる必要がありますが、どんな投資であれ、あなたの大事なお金を使うことになるのですから、しっかりとリスクを理解して取り組むべきです。

私自身についてですが、今はインバウンド向けの不動産に興味があります。これから伸びていく分野だと思っていますので、普通のテナントビルなどよりもインバウンドにフォーカスした物件を購入していこうとしています。必ず伸びると信じていますよ。

観光だけでなく、日本の薬の分野は海外からは何年も前からとても注目されています。日本のドラッグストアには当たり前のように置いている家庭用の市販薬や化粧品が、中国人や台湾人に人気があり、爆買いして帰るようです。頭痛薬の「ＥＶＥ」や強心剤の「救心」、ベビー用品などに人気が集まっているようですね。外国人向けの日本の市販薬の分野は大きなお金儲けになります。

あとは、日本の飴や着物なども注目されているそうです。フランスのファッションデザイナー、ピエール・カルダンは、「世界で一番美しいファッションは日本の着物姿の後ろ姿だ」と言ったとか。今の日本で着物を日常で着ている人はどれぐらいでしょう？　結婚式などでも着物を着たがらない若者も増えていますよね。それぐらい、日本では自分たちの文化に対する価値を見失い始めているように思います。

しかし、海外の方から見たらどうでしょう？　日本が自分たち自身でも気付いていない商材の価値や可能性に注目している人も多くいます。諸外国の方から、日本人は自分たちの商材の価値を教えてもらっているんですね。そういったものを敏感に嗅ぎ取って、ビジネスに転化していけたらと思います。**ほんの少しの気付きが、大きなビジネスに化けていくんです。そのヒントをインバウンドが教えてくれています。**

自分のビジネスにはインバウンドは関係ないという方もいらっしゃるかもしれませんが、巡り巡って自分にも関わっているんです。誰でも思いつくような、着物や寿司、すき焼き、富士山などだけでなく、日本にはもっと素晴らしいものがたくさんあってインバウンドを魅了しているんですよ。

先日、私は沖縄の石垣島に行ってきたのですが、ちょっと足を踏み入れれば海外からのお客さんがどれだけ多いか理解できます。インバウンド向けのビジネスで大きく発展していて、いろんなものが変わってきています。町全体に観光を盛り上げようという意識があり、のんびりまったりとしたイメージのこれまでの沖縄観光とは打って変わって、にぎやかなムードです。観光だけでなく、沖縄には特定免税店制度があるため買い物を楽しむこともできます。

また、美容部門も海外には人気で、近くの国からネイルや美容室のために訪れるインバウンド需要もあるようです。

石垣島の近くの小さな竹富島には、今やインバウンド向けの民泊が20以上もあるそうです。そうなると、今度はそこにコンシェルジュが必要になってくるでしょう。それも、本当に竹富島の美味しいお酒や料理のことを知り尽くしていて、どこに何があるのかを熟知しているようなコンシェルジュが必要です。語学ができるだけでなく、いろんな教養がなければできないことですよね。なかなか誰でもできる仕事ではありませんが、インバウンドから必要とされているのは確かです。

このように、これまで目を向けられなかったような小さな町でも、新しい分野の仕事が、この先どんどんと大きく浮上していく時代となりつつあるのです。

何度もお伝えしましたが、不動産投資にはリスクがあります。大きな借り入れをすればその分リスクを背負うことになります。リスク回避するには、自分の足で現地に向かい、人を信じ過ぎず、何でも自分で実地にやる癖をつけることが大切です。

とはいえ、専門家に相談するべき部分もあるため、そういう場合は良いアドバイザーを複数持つことが重要です。私が不動産を買うときは、信頼できる社長がいる2、3社に査定をお願いして意見を伺います。机上だけでやっているような不動産鑑定士には決して頼みませんし、誰かひとりの意見だけを聞いて投資することもしません。必ず実地でやっている社長複数人にお願いして、その意見を総合して考えます。

そこまでいくと、あとは自分の直感に頼るのみです。そう書くと参考にならないと思われそうですが、投資で成功した人は、その物件がうまくいくかどうかの「時代を先取りしたにおい」を嗅ぎ分ける力が優れているのです。そして、それこそ不動産投資のキモだと言えます。

感覚の問題ですのでお伝えするのが非常に難しいのですが、私はよく「その物件に惚れたかどうか」という言い方をします。たとえ損をしたとしてもそれを自分が欲しいと思うか、何か引っかかることがあるか、ただそれだけなんですね。少なくとも、自分が欲しいと思わないものを他の人が欲しがるイメージは持てないでしょう？　その感覚を養うためにも、やはり少額物件から始めることが大事なんです。

融資のとりつけは投資にとって不可欠

少額での投資が成功して、お金につなげることができたら、次のステップとしてもう少し大きな物件に投資していきます。年収にもよりますが、この段階で数千万円の物件に投資する人も多いでしょう。そうなると、さすがに銀行からの融資が必要になってくると思います。

私自身が融資コンサルティングを行なっていますから、ここではコンサルタントとしての立場でお話しします。

区分マンションや一棟ものの物件、ビルなど資本が必要になってくる不動産投資をする場合、やはり資金調達が重要になります。融資してくれる金融機関を探し、負担のないように返済していけるプランを練り、さらにはこれが最も重要ですが、お金儲けに繋げるようにコンサルティングしていきます。

当然ながら、銀行にお願いしてもそう簡単に融資してくれるわけではありません。年収や返済能力などが十分に基準を満たしていなければいけませんし、融資条件を交渉することも必要です。そうなってくると、さすがに専門家の知識が必要になってきます。そんなときに私たちのような融資コンサルタントに相談してみるのも良いでしょう。

専門家に融資を受けるための支援をしてもらい、うまくいけば大きな不動産投資に挑戦できますし、ダメだったとしても何が足りなかったのかを学ぶことができ、次に生かせるため結果的に大きな得になります。融資を得られないために投資を諦めているのであれば、まずは専門家に相談するのをおススメします。

私の場合は、事業内容や融資希望額、今後の事業の取り組み、売上予想のほか、他に借り入れをしていないか、納税はきちんとしているか、など詳細にヒヤリングをします。そして、密かに私はその人の人柄も見ています。すぐに諦めてしまうようなタイプだったり、ルーズな性格だったりすればアドバイスの仕方も変わってくるからです。

そして契約すると事業計画書作成に入っていくのですが、まずは経営者に作成してもらって、それを見ながら事務所の方で修正やアドバイスをしていきます。内容に足りない部分があれば追加資料について教えたり、読み手がもっと読みやすくなるようなストーリー展開をするようにアドバイスしたりするんです。

それが終わると、いよいよ提出ですね。ここで事務所と金融機関との間に結びつきがあれば、金融機関に紹介することになります。そして、後は融資の可否を待つだけです。

きちんとした融資コンサルタントを見極める条件を簡単にご説明しておきましょう。

一番大切なのは、金融機関と太いパイプをもっていることです。あなたが個人的にお金を貸す場合でも誰の紹介かを重視するでしょう。金融機関でも同じなのです。

2つ目は、実績です。これまでにどれぐらいの融資が成功した実績があるかを開示してもらうと良いでしょう。可能なら事業計画書の一部を見せてもらうと良いと思います。誠実なコンサルタントであれば個人情報に関わらない部分で開示してくれるはずです。

3つ目は、仕事の迅速さです。融資の機会があまりにもタイミングがずれると、事業の話は流れてしまいます。仕事の速さは不可欠です。

4つ目は、コンサルタントの熱意ですね。融資は、どんなに難しい状況でも必ず突破口があります。それをあきらめることなく融資が成就するまで、トライしてくれるコンサルタントを選択することです。また、コンサルタント事務所の社員がどれぐらいいて、どんな雰囲気で仕事をしているか、その場から伝わってくるものは多いです。また、社員一人ひとりの態度から、社員教育がどれぐらい行き届いているかもわかるでしょう。安心してコンサルティングを任せられる事務所をしっかりと選んで依頼してください。

悪質な融資コンサルタントがいるのも事実ですから、しっかりと見極めるようにしましょう。彼らの目的は、「融資さえ受けられれば良い」です。融資が成功すれば成功報酬が発生します。それさえもらえれば、後はその企業や個人の事業が成功しようが失敗しようが構わないのです。

悪徳業者の特徴は、粉飾決済や決算書の作り変えをさせて、銀行を騙そうとすること。これは詐欺行為に当たりますから、後に銀行にバレると当然融資を止められ、銀行は回収に回るようになります。もちろん、銀行にバレて融資を止められても彼らは責任を持ちません。

そして、何より報酬が高いことですね。出資法では紹介手数料が定められているため、どんな事情があるにせよ、法外な報酬を要求してくる業者は悪徳業者ですから注意してください。

さらには、成功報酬をもらったら、「はい、これで終わり」とばかりに何があろうと知らん顔を決め込んでしまう業者は要注意です。この段階になれば、もはや手の打ちようもありません。

お金だけ取られて責任は全て自分が背負わされることになり、その後、傾いていく事業を立て直すときも、事業が失敗したときのリスクを背負うのも、融資を得られなくなって再度資金調達から始めなければならなくなっても、全て自分でやらなければならなくなります。

こうなれば、最初から頼まなければ銀行からの信用を失うことはなかったのに…、ということになりますよね。やはり、最初の相談段階でしっかりと判断して融資コンサルタント事務所を選ぶことが必要なんです。

ただ、ちょっと考えてみてください。こんな悪徳業者に引っかかるほど資金繰りが困難な状況に陥っているのだとしたら、不動産投資で利益を得るどころか融資を受けたところで返済に追われて苦しむことになります。

先々の将来のことを考えて、無理なく融資を受けられるようプランを練り、余裕を持った投資を行うことが大切です。信頼できる融資コンサルタントを見つけられる能力を養うことも、不動産投資を成功させる条件のひとつだと言えます。

不動産を持つことは余裕を作ること

「不動産を持つことで余裕が生まれますか？」と聞かれることがあります。これはおそらく、リスクが伴い、そのせいで毎日精神的に不安があったりしないか、何か出ていくお金があって生活に影響したりしないか、という意味なのだと思います。

ハッキリ言いまして、かなり余裕ができます。物理的なものだけではありません、精神的にも安定収入を得られると余裕ができます。いざというときへの備えや老後の財産として、私自身は必要不可欠なものだと感じています。

不動産投資は、株やＦＸなどの投資に比べると、比較的リスクは低めだと言われています。何に投資しているのかが形として目に見えますし、家賃収入で安定した収入が月々入ってくるからです。株のように大きな儲けが出ることもない代わり、一夜にして大損をするようなこともありません。そういう意味で、リスクが低めで物理的にも精神的にも余裕を持って行えるのです。

私の知人の例ですが、渋谷区で両親がもともと自転車屋さんを経営していたという方がいます。両親が亡くなり店を畳んだ後、その場所を月35万円で人に貸しているんです。兄弟が5人ですから、それを分けて一人当たり7万円の収入が月収に上乗せされる形になるそうです。7万円でも、不労所得として手にできれば生活は非常に楽になりますよね。

不動産投資は家賃収入を順調に回収していけたら、確実に何年か後には投資した以上の収入に繋がっていくのです。また、少額投資で最初に全額現金での支払いを終えておけば、融資の返済を気にすることなく余裕を持って回収していくことができますね。さらには、不動産という形ある「モノ」を持っていると、自分が窮した時に売ることも担保に入れて借り入れすることもできます。これも大きなメリットですよね。

無理せず自分のできる範囲で投資していけば良いんです。私も含め、投資家はみんなそこから始めているんですよ。

社会情勢を見るようにと、この本の中でも何度もお話ししていますが、今なら小樽や函館、石垣島などがインバウンドブームでにぎわっていますから、そこで安い物件を手に入れるのもおススメです。今はなかなかホテルも予約できないほど人気が出ていて、たとえば札幌でホテルが取れないから小樽のホテルを予約するということもあるようです。こういった社会の動きを見ていれば、少額でもかなり有効に投資して儲けに繋げることは十分可能です。

不動産投資をするにあたって、目的を持つことも私は大事だと思います。それによって購入する物件も変わってきますし、融資してもらう金額も変わってくるでしょう。

そもそも不動産投資をする人は何を目的としているのでしょうか？　ひとつには、将来、特に老後の生活の備えとしてという方が多いでしょう。健康に問題が出てきたり仕事を辞めたりした後にも、安定した収入があれば安心できるという思いから不動産投資を行うようです。

年金を得られるのは確かですが、日本の年金制度に不安を感じていたり、収入が減って生活が不安定になったりといったことを恐れて少しでも経済的な余裕を作りたいという人が最も多いと思います。年金をもらうまでにまだ余裕があるとしても、早い段階から収入を得ておいて蓄えを築いておけば、将来安定した生活を手に入れられるという目的ですね。

それから、自分が亡くなった後、残された家族に遺産として残したいという人もいると思います。不動産投資におけるローンは、団体信用生命保険に加入しておけば無借金化になるうえ、家賃収入を得ることができます。家族が今後も安定収入を受け取ることができ、安心できますね。生命保険に加入するのも良いですが、後に収入を生み出す不動産を購入するのもお得な買い物だと言えます。売却することも可能ですから、まとまったお金が必要になったときにも役立ちます。

また、早期退職してのんびりと暮らしたいという人もいるでしょう。そうなれば、不労所得による安定収入、あるいはまとまったお金が必要になりますね。早いうちから不動産投資をして定年前に完済できたなら、その後不労所得を得ながら好きなことをして暮らせる生活が待っています。

サラリーマンを辞めたいから、月々余裕のある生活をしたいから、自分の自由にできるお金が欲しいから、という方もいらっしゃるでしょう。目的は人それぞれだと思いますが、目的や資本に応じて不動産を選ぶことで、より成功率を高めることができます。

まだ目的はないけれど漠然と豊かになりたいという方や、貯金が貯まったので何かやってみたいという方もいらっしゃるはずです。目的がまだないなら、まずは少額の投資をして収入を得ながら、目的を探していくのも良いですね。中には、不動産投資をすることそのものが目的だという方もいらっしゃるかもしれません。それぐらい、不動産投資には夢があり、豊かさをもたらしてくれ、人としての自信を与えてくれるものでもあるのです。

一方で、リスクもお伝えしておかなければなりません。たとえばマンションを1棟買いすると、空室があったりリフォームや修繕代がかかったりすることが考えられます。家賃収入を得てもそれ以上に出ていくお金があれば、なかなか儲かりませんよね。また、年数が経てば経つほど家賃を下げていかなければなりませんし、リフォーム代も高くなっていきます。長い目で見たときに、ずっと同じ条件で儲け続けられるわけではないため、設備投資や工夫をして収入につなげていく苦労はあります。

その他のリスクは、金融機関から融資を受けた場合に金利が高くなるとか、増税があったり、家賃滞納されたり、地価が下がったりすることも予想されます。さらに、地震や台風による損壊なども予想しておかなければなりません。これは必ず保険に入っておかなければ、最悪の場合、建物が全壊したのにローンだけは支払い続けなければならなくなります。

しかし、これらのリスクは経験を積むほどに軽減させていけます。そして少しずつ利益が出れば、それをまた別の不動産投資に使うことで、利益を2倍、3倍と増やしていくことができるんです。

やり方や経験によると言わざるを得ませんが、リスクはあれど、やはり不動産を持つことで余裕は生まれると思います。

不動産投資を成功に導く最大要因は管理会社の選択にある

いざ投資するとなったときに、管理会社が信頼できるかどうかは、成功を分けると言っても過言ではないほど重要です。結局のところ、私は会社というのは社長で決まると思っています。ですから、ぜひ社長を見て、しっかりと会話して、相手を見極めてから判断すると良いでしょう。

ではどんな社長が良いかというと、これは1章でも少しお話しした経営者の特徴と重複する部分があります。

私が最も意識して見るのは、「相手にどこまで気を使えるか？」という点です。電話をかけて出られなかったときでも、できるだけ早くコールバックしようとする。約束の時間には少し前に来て待っている。きちんと目を見て挨拶する。こういうことって、誰に教わらなくても相手に気を使えることができれば自然とできることですよね。それをしないというのは、ルーズで自分のことしか考えられない人。そんな社長が経営している会社は、やはりどこか全体的にルーズなものです。この先信頼して付き合っていくことはできません。

万事においてきちんとしている人は、仕事もやはりきっちりしています。少なくとも私がこれまで見て来た経営者は、今の経営状況がどうあれ、人柄が良ければ必ず盛り返すことができます。

それでは信頼できる管理会社とはどんなものかというと、当然ながら大きい企業なら良いというものではありません。有名だから、管理戸数が多いからというのは何ら基準にならないと私は考えています。

先ほどお伝えした、「社長を見る」というのも重要な判断基準になります。これ以外で挙げていくと、まず1つ目が費用ですね。管理会社に支払うお金は安く抑えたいという気持ちがあるかと思いますが、安ければ良いというものではありません。あなたの代わりに管理してもらうわけですから、あなたがやるべきことを、あなた以上のクオリティでしっかりとこなしてくれることが重要です。

そして、それに対して見合ったリーズナブルな費用であるかどうかを見るようにしましょう。ただ安いから選ぶのでも、高いからうまくやってくれるだろうと期待するのでもなく、業務の量と質に合っているかどうかを見極めます。あなたが求める業務に対する見積もりを何社か提示してもらい、コストパフォーマンスを意識して判断していきましょう。

2つ目に挙げたいのは、業務のスピードです。クレームが入ったのに対応が遅いというのは、二次的なクレームに繋がり入居者に大きな不満が募ります。

たとえば水道から水が漏れるとか、玄関のドアがうまく閉まらないとか、入居するにあたって不便を強いられるようなクレームが入ったときには、とにかくスピーディーに対応しなければなりません。この対応が遅い管理会社は信用できないでしょう。何かあってもオーナーへの報告が遅かったり、ちょっとした問い合わせの返事もなかなかくれなかったりといった管理会社は、避けた方が良いです。

不動産の修繕は当然ながらオーナーであるあなたのお金で行うもの。あなた自身が判断を躊躇してしまうと管理会社は動けませんし、入居者の不満も募るということも覚えておいてください。あなたがスピーディーに判断を下し、対処することで防げる不満もあります。

３つ目は、不動産投資が初めての場合、担当者の説明が丁寧かどうか、わかりやすいかどうかも重要な判断基準です。やけに専門用語ばかりを使って難しい説明をするような担当者では、今後何かあったときに気軽に相談しにくいですよね。初めての投資で不安や迷いを抱えているときに、感じよく誠実に向き合ってくれる担当者がいるかどうかもチェックしておきましょう。

不動産経営で迷ったときに細かいことでも相談できたり、入居者が退室した後の内装工事のデザインや広告の出し方などのアドバイスをもらえたりできる営業担当者がいれば、初めてでも心強いですね。自分とあまり馴染みのない不動産を購入したときには、地元の事情に精通した営業担当者に頼らなければいけませんから、担当者の人柄や意欲は見極めるべきです。

また、どのように管理していくか、こういうことが起こったときはどうするかといった管理のシステムができていることも大事です。社長や担当者の人柄が重要だとお伝えしましたが、それは管理システムにも繋がることだと思います。入居者のことを優先して考えることができれば、何かあったときの対策についても手厚く考えられているはずです。

信頼できる管理会社を見つけるには、やはりできるだけ多くの管理会社に足を運び、話を聞いて見極めるしかありません。そこの手間を惜しんでは、結果的に入居者が決まらなかったり余計なお金がかかったりといった事態になってしまいかねないのです。

管理会社に出向く前に、あらかじめ管理手数料や契約期間などの条件を自分である程度決めておく必要があります。そしてその条件に対して担当者がどんな反応をするか、誠実に向き合ってくれるかを見ると良いです。一方的に条件を押し付けてきたり、何かにつけ上乗せしようとしたりするようなら慎重になった方が良いでしょう。

また、他のお客さんとのやり取りや会社全体の雰囲気などでも何となく判断ができると思います。それとなく観察して、他のお客さんの反応や質はどうか、社内の他の人たちの雰囲気はどうかなども見てみてください。

さらに、良さそうな管理会社が見つかりそうなら、その会社が管理している物件の共有スペースや全体の雰囲気、入居者の様子などについても観察してみてください。共有スペースは綺麗に掃除されているか、メンテナンスは十分か、入居者が快適に暮らせているかなど、実際に足を運んで見て回ると管理会社の質がわかるでしょう。

管理会社を決定した後も、できれば定期的に物件を見るようにした方が良いです。管理会社がどれだけ信頼できると思っていても、やはりミスや抜けは発生するものです。自分の購入した物件は自分のものだという意識は、忘れてはいけません。あくまで管理会社はあなたがやるべき業務を代行してくれているのだということを覚えておいてくださいね。

入居者の契約や更新、家賃集金、督促、部屋の設備の修繕や購入、鍵の取り替え、入居者同士のトラブルなど、管理会社にはさまざまな対応を代わりに行ってもらうことになります。入居者が快適に住めるかどうかは、管理会社の対応に懸かっているわけです。あなたと管理会社とがしっかりと連携を取って管理していくことで、不動産投資が成功する確率を高めていけるでしょう。

金運テスト❷の正解

電車内を観察しましょう。

たとえば満員電車の中で、一人で勉強をするのは見上げた習慣です。目的意識をもって勉強するのはいいことです。

しかし、比較的すいている電車であれば、これは車内観察の絶好のチャンスです。車内で起きていることは、社会の縮図でもあります。何年も前、車内の若い人が何人もスマホを眺めていたのを見て、スマホ時代を確信しました。

知人の大富豪に電車の中で会ったことは別のところで書きました。世の中のことは、電車に乗らないとわからない。年齢も職業も問わず、たくさんの方が乗っていて、どんなことに興味を持っているのか、新しい見方、捉え方ができるヒントがここにあるのです。本当に稼げる人はよく社会情勢を見ています。社会のニーズを知ることがお金を効率よく稼ぎ出すポイントです。

第5章◉

「金持ち体質」を作る12の方法

1

お金持ちが長生きする理由

お金の話をしているのにこんなことを言うと矛盾していると思われそうですが、お金は決して生きていくうえで一番大事なものではありません。何より大事なのは、もちろん健康なのです。どんなに巨万の富を築いたとしても、寝たきりの状態になってしまえばお金を楽しく使うことはできませんよね。

私の友人にもかなり裕福な人がいました。常時お財布には百万や二百万円のお金が入っている状態でしたし、会えばいつもブランドの服をくれました。娘さんがジュリアード音楽学院に通っていたのもあり、1億円のストラディバリウスを買い与えていたり、家にはスタインウェイのピアノがあったりなど、とにかく周りも羨む裕福な友人でしたね。

しかし、60代の若さで心臓麻痺で急逝してしまいました。どんなにお金があっても健康だけはどうにもならないのだと痛感した、ショックな出来事でした。

もちろん、病気になってもお金さえあれば高額な治療を受けることはできますし、日頃の予防にお金をかけて細心の注意を払うこともできるでしょう。でも、人の死ばかりはどうやっても防ぎようがありません。お金をかけたからと言って病気や死を遠ざけられるわけではないのですね。

意識的にも無意識のうちにも、死がいつ訪れるかわからないということを理解しているからこそ、健康にきちんと感謝することができるのです。

お金持ちの方が貧乏な人よりも長生きするというデータがありますが、それはお金持ちの方が健康意識が高く、できるだけ長く健康に生きたいという思いから、病気の予防にお金を惜しまないからだそうです。

どんなに時間がなくても健康診断もまめに受けますし、がん検診や人間ドックにもお金を惜しみません。

夜はできるだけ早く眠り、朝は早朝に起きて誰より先に仕事に取り組みます。

仕事が滞ってお金儲けができなくなったりなど、健康とお金にはとても密接な繋がりがあるんです。

2 お金持ちはなぜお金持ちなのか

お金持ちはなぜお金持ちなのか？　それは普通の人がなかなか気付かない、稼げる場所や稼げる方法を知っているからです。

お金持ちの大きな特徴として、お金が儲かるものや場所を嗅ぎ分ける力があります。直感と言ってもいいかもしれません。それは独自に本を読んで勉強したり、セミナーなどで学んだりするだけでは養えないものです。

ある程度のリスクや社会の動きは学べるでしょうが、「これは儲かる」というものをパッと嗅ぎ取り、そして直感を信じて飛び込んでいく勇気は勉強して培えるものではありません。

しかし、お金持ちは違います。どこに投資するべきか、「匂い」ですぐにわかるんです。社会情勢を見て想像を巡らせるうちに、何が儲かるか、これから何が必要かが見えてくるんです。この感覚を言葉で説明するのは非常に難しいですね。

直感があるかないかの違いなら、直感がない人はいつまで経ってもお金持ちにはなれないのかと思う方もいらっしゃるでしょう。そんなことはありません、直感は鍛えることができます。先述したように、社会情勢を知ることも直感を鍛える大切なステップです。

また、ひとつの物事に対していろんな側面から見る癖をつけることも大事です。たとえば社会問題や流行などについて、社会的な目線でも自分自身の目線でも多角的に考察するよう心がけるだけで、直感は備わっていきます。たとえば、経営者目線ではこう思うが、社員ならどう考えるだろうとか、一つの物事を見て肯定的にも否定的にも捉えてみるとか、ちょっとしたものの考え方に工夫をしてみると、少しずつ直感が冴えてきます。

また、その場で判断する癖をつけることも大事。間違えても良いですから、日常のちょっとしたことでもプライベートのことでもさっと決断することを意識してみてください。そして一度決めたことは変えず、あとで後悔することになっても必ず貫くのです。些細なことですが、パッと判断するために直感を働かせることが習慣化していきます。

さらにもうひとつ、直感を鍛えるために大事なのは「失敗する」ことでしょう。失敗から学ぶことというのは実はとても多いのです。お金持ちは失敗談を恥ずかしがらず、どんどんと自慢して話す傾向があります。投資に失敗して大きなお金を失い、ボロボロになった話も隠さずしてしまいますね。

お金持ちにとって、失敗は決して恥ずかしいことではありません。失敗の数だけ成功できるとわかっているから、失敗も自慢の一つなのですね。お金持ちは、失敗するのも上手です。ただでは転びません。転んだときも、次のビジネスのヒントを必ずひとつふたつ拾ってから起き上がります。だから、立ち直りも早く、すぐに次のビジネスに向けて動き出すことができるんです。

「失敗の仕方」や「失敗の乗り越え方」もとても重要です。失敗したからこれはやめて次のことをしよう、失敗したけれど気持ちを切り替えてまた頑張ろう、そんなふうに失敗から目をそらしてしまえば、学ぶことができません。まずは失敗と正面からぶつかり、乗り越えようと全力であれこれ試してみることで、多くを学べるんですね。

直感で試してみる、失敗する、再挑戦する。それを繰り返していくうちに大きなお金を手元に残していけるようになります。失敗を恐れ、直感で動けないあなたは、得られるかもしれない大きく成長できる機会を手放してしまうことになるのです。

また、お金持ちはとにかくすぐに行動を起こします。誰より先にアイデアを形にして、一番乗りで利益を得ることができるんです。うまい情報やビジネスチャンスが舞い込んできたら、その場で直感でパッと判断して、やるやらないを決めてしまいます。ほとんどの人がその話を疑ったり自分にうまくできるはずがないと気後れしてしまったりして、遅れを取っているうちに、お金持ちは先にさっさとチャンスを生かしてお金を得てしまうわけですね。

友だちとの日常会話や仕事仲間との情報交換、何気なく足を運んだ流行りのスポットなど、あなたの身の回りにもお金に繋がるアイデアやチャンスは転がっています。それを見つけてパッと行動に移せるかどうかが、お金持ちになれるかどうかを分けるのです。

3 お金持ちの資質とは?

それでは、自分にはお金を稼ぎだす資質が備わっているんだろうか、と思われる方もいるかもしれません。

まず、資質は生まれ持つものだから、自分にないなら仕方がないという考え方は今すぐ捨ててくださいね。生き方や考え方は、意識ひとつで変えられます。家柄も学歴も関係ありません。何ら特殊な環境で育つ必要はありませんし、裕福な家に生まれる必要もありません。すなわち、資質をこれから変えていくことは可能なんです。

人に使われている人が不満を持つのは、誰かの夢やビジョンのために働いているからであり、自分らしい生き方ができていないからでしょう。よく会社の中で個々の目標を立てるよう言われたりしますよね。売り上げをいくらにするとか、計画をここまで進めるとか、といった会社のための目標です。それらは私には無意味に思えます。私自身、組織に勤めた経験はありますが、どれだけ努力して実績や成果をあげたとしても、給料に反映されなかったり、反映されるにしても自分一人で稼ぐ場合の何倍もの労力が必要だったりします。それでは不満も感じてしまいますよね。

一方、同じことをしていても、お金持ちの考え方は違います。会社勤めをしていたとしても、そこで培った知識やスキルをいかに自分に還元させるか、どのようにお金儲けに繋げていくか、という意識で生きています。自分が得た才能やスキルがお金に変わることを知っているからです。

たとえ会社でトラブルに見舞われたり無茶な依頼をされたりしても、それを今後のお金儲けに繋げるためにどう生かそうか、この経験から何を学ぼうか、と考えることができます。だから、不満を持ちません。そしてそういった人こそ、お金持ちになることができるのですね。

また、お金持ちは時間が非常に貴重なものだということを知っています。自分でお金を稼ぎ出すのだという意識があれば、余計なことをしている時間などありません。ダラダラと友達と飲みに出かけたり、毎日趣味や娯楽に耽ったりすることなどなく、より生産性のある時間を過ごそうとします。

時間がもったいないという意識を持つことは、お金持ちになるための大切な要素のひとつでしょう。時間に追われて自分と向き合う時間がなかったり、早く仕事が終わればいい、早く遊びに行きたい、と考えたりしている貧乏人の生き方との大きな差だと言えます。

お金持ちは、時間と同様にお金も大事にします。本当のお金持ちは、頻繁に高級エステに通ったり、豪華なレストランで食事をしたり、といったことはしないでしょう。

たとえば自分の健康を維持するためにフィットネスに通ったり、食材に気を使ったり、といったお金の使い方をします。また、知識や経験を増やすためのお金も惜しみません。必要ならセミナーに参加したり、海外に出かけたりして常に脳に新たな刺激を取り込もうとします。使うべきところにはきちんと使う一方で、いくらお金があるからといって不必要に贅沢をしない、これが本当のお金持ちに備わる資質なのですね。

お金持ちに備わる資質がないと、お金を稼ぎ出すことはできません。それでは資質を備えたいなら、ここまでお伝えしたことを真似すればいいのかと思われるかもしれませんが、形だけ真似をしても残念ながらお金持ちになることはできないのです。

しかし、お金持ちになる資質を養うのは決して難しいことではありません。大事なのは、自分を変えるんだという意識を持つことだけだと言っても過言ではないでしょう。これを読んでいるあなたが、今このときから意識を変えてお金持ちの資質を備えることも十分に可能なんですよ。

お金持ちになりたいと心から思えるかどうか、そのために血のにじむような努力をできるかどうか、そして、それをしたいと思えるかどうか。その意識ひとつでお金持ちに一歩近づくことができます。

大きく稼ぐためにお金持ちの真似をすればいいかというと、そうではありません。不動産投資をしたり、株を始めたりすると確かにお金に繋がる「可能性」を手に入れることはできます。でも、自分が興味のある分野でなければうわべだけの真似事になってしまいます。そして、なによりストレスや不安に苦しむことになってしまいます。

4 積極的に他とコミュニケーションをとることが大切

お金が寄ってくる人とは、ズバリ「人」が寄ってくる人なんですね。経営者の例で言うとわかりやすいですが、この人と一緒に仕事をしたい、この人の下で働きたいと思える経営者の周りには、良いビジネスパートナー、良い人材が自然と集まってきます。当然、良いビジネスができますからお金に繋がりますね。

それでは人から愛される、尊敬される人になるためにはどうすれば良いかというと、自分自身が尊敬できる人と日頃から接するように努力することです。

つまりは、自分から積極的にコミュニケーションを取るということ。心から尊敬できる人、信頼できる人、今後も繋がっていきたいと思える人と接する機会を増やし、話をして、お互いに良い影響を与え合うことが大事です。

デスクワークが続いているときでも、ほんの5分でも構いませんから人と会話するよう心がけてみてください。会ったり電話したりすることができない状況なら、メッセージを送るのでも構いません。人と連絡を取ったりやり取りしたりすることを毎日するよう意識しましょう。毎日というのも肝心です。人との繋がりをより密に持つことで、コミュニケーションスキルも磨かれていきます。

一人二人でなく、できるだけ多くの人と会話することを心がけてみてください。多くの価値観や考え方に出会うことができ、視野を広げられるようになります。家族やいつも会う友達だけでなく、最近知り合ったビジネス仲間や疎遠になっていた友達など、あなたが今後も大事にしたいと思える人ならどんどんと連絡を取っていきましょう。その際には、相手から自分がどう見られているか、どうすれば好印象を与えられるかということも意識できると良いですね。

ただし、コミュニケーションを取ると言っても、誰とでもダラダラと繋がっていれば良いということではありません。コミュニケーションを取るなら、話しているだけでポジティブになれるような相手が良いですね。

いつも前向きに将来のことを考えていて、アイデアにあふれているような人です。そんな人と話をすると、お互いに想像力を刺激し合ってビジネスのアイデアを与え合うことができるでしょう。受け取るだけでなく、自分から与えることも大事。相手の話やアイデアを受けて、思うことを言葉にするんです。

また、相手からうまく話を聞き出すことも大事です。コミュニケーションが上手な方は、相手が気持ちよく話ができるスキルを自然と備えているのです。質問や相槌を入れるのがうまいため、相手は楽しく話をすることができます。そして相手に好印象を与えることができ、また会いたい、この人と話したいと思ってもらえるから、自然と人が集まってくるんです。

人とのコミュニケーションにおいて、聞き上手を目指すことはお金持ちになるために必要不可欠なスキルですね。会話のときに自分ばかりが話していませんか？自慢したりしていませんか？そうなると相手はたちまちあなたと会話を楽しむ気がなくなってしまいます。自分が話すのは2割、あとの8割は相手の話を丁寧に聞くことと、質問して聞き出すことに徹するぐらいの気持ちで接すると良いでしょう。

ハッキリ言いまして、付き合っていくべきではない人もいます。厳しいようですが、マイナス思考な人、自分や身内の自慢ばかりする人、誠実でない人、そしてルーズな人とどれだけコミュニケーションを取っても、会うたび不快な気持ちになり悪い影響を受けてしまいます。類は友を呼ぶというように、こういった人には同じようにルーズなタイプばかりが近づいてきますし、誠実な人には誠実な人が近づいてきます。

悪縁を遠ざけることも、あなたがモチベーション高くビジネスをするためには重要なことだと言えるでしょう。どうしても付き合っていくなら、相手の悪い部分に影響されないよう、自分が相手の良くない部分を是正するぐらいの強い気持ちで接することが必要です。

5 損得抜きで人助けする

損得抜きで人助けすることはとても大切です。困っている人がいれば当たり前のように手助けするばかりでなく、手助けや協力が必要なんじゃないかと思う人を見かけたら、自分から声をかけてでも人助けをしましょう。アンテナを人並み以上に敏感にして、相手は今こういうことで困っているな、自分がこうしてあげたら助かるだろうな、ということを瞬時に想像して動きましょう。考えるより先に行動したら、損得など計算している余裕がないですからね。

仮に自分に何ら見返りがないとしても、お金持ちはそれを損だとは考えません。いい経験をさせてもらった、勉強になったと考えるのです。

人助けはたいてい見返りなどないものですが、形は違えど、人のためにしたことが巡り巡って自分に返ってきます。再会した知人がまともな食事も取れなかった過去に、私がお弁当をご馳走したことがあり、嬉しくてずっと覚えていると言ってくれました。

その知人とは今直接ビジネスで関わっているわけではありませんが、間接的に接点があります。その人が私の知らないところで良い評判を流してくれていて、それが巡り巡って思わぬ人脈につながったこともありました。

また、別の知人の例ですが、雨の中、道を歩いている老夫婦を見かけて車に乗せてあげたことがありました。それを機に繋がりを持ったそうですが、その老夫婦は実は建築関係の大企業の社長夫婦で、なんとこのご縁から仕事につながったのです。今や知人はその大企業の関東総代理店を任されています。

この知人にとっては当たり前のこととして人助けしたことが、巡り巡って大きな地位とお金を引き寄せたことになります。人のためにしたことは、どんな形であれ自分に返ってくるものなんだということを心から実感しましたね。

6 お金の話を楽しもう

お金に対してネガティブなイメージを捨てましょう。お金の話は決して下品ではありません。しかし、特に日本人は、お金を使うこと、もらうこと、お金の話をすることに罪悪感や自己嫌悪を抱いてしまうようです。お金は汚いもの、ネガティブなものというイメージが強いのですね。

お金持ちになりたいと望むなら、まずこのイメージは払拭しなければなりません。自分が努力して稼いだお金はどんなふうに使っても、どれだけ使っても構わないし、そうして使った話をどんどんとしても構いません。

お金を好きになり、価値を認めることが大切です。よくお金だけが人生じゃないとか、お金では幸せは買えないとか、人の心をお金で買おうとするなんて邪道だとか言う人もいますが、それは捉え方を間違っています。お金は人生を豊かにするためのツールなんです。自分だけでなく人の人生まで豊かにしてあげることができます。お金だけのために生きていくのはナンセンスですが幸せを作り出すことは可能なんです。

お金に対してネガティブなイメージを持ってしまうと、お金の話をしてはいけないという意識を持つようになる人もいるかもしれません。

しかし、お金持ちか、お金持ちではないかの感覚は人それぞれ違って当たり前ですし、稼ぎがどうこうというより仕事に誇りを持っていたらそれで構わないのです。経済的に自分が劣っていると思う必要はありません。たとえ今は他の人と比べて収入や貯金が少なくても、この先あなたが大きなお金を手にする可能性も十分あるのですから、何ら恥じる必要はないのです。

お金持ちの人と話すときに気後れしないでくださいね。むしろ、どうやってそんなにお金を儲けたのかとどんどん突っ込んで聞いてみることが大切。あれこれ聞くのは下品じゃないだろうか、自分の収入の少なさをバカにされないだろうか、と心配する必要はありませんよ。そうしてお金の話を避けているうちは、お金持ち体質とは程遠いと言わざるを得ないでしょう。

お金は楽しく使うもの、人生を豊かにするもの、人を幸せにするもの、そんなプラスのイメージを持つことが、お金持ち体質を養うためには重要です。

子どもと一緒に旅行に出かけた、海外に行ってブランド物を買った、恋人と贅沢な食事をした、そんな楽しいお金を使ったときは、どんどん周りにも話してみると良いでしょう。周りから自慢だと批判されることもあるかもしれません。批判する人はこちらから縁を切るぐらいの気持ちでいても良いです。

お金を使うことにネガティブなイメージを抱いている人や、お金は守るものという意識が強くケチになってしまっている人と話していると、お金との縁が弱まってしまいます。

買い物に出かけたときに商品が「高い」と感じたら、見栄を張らず「高いから買わない」「高いから値引きできないか」と言えていますか？　実のところお金持ちほど、ハッキリと「高い」と言う傾向があるようです。モノの価値と値段を瞬時に判断する力があるため、価値と見合っていないときにはハッキリと高いと言います。反対に、とんでもない価格がついていても本当に価値ある物であれば「安い」と言うでしょう。

お金を使うことで世の中のお金の流れを循環させ、結果的に自分に還元するという考え方もあります。私の顧問先に月間3000万円を売り上げる眼鏡屋の社長さんがいますが、彼は「お金は出さないと入ってこないもの」という考え方なんですね。そこで、それほど距離がないのに自宅と事務所の間でもタクシーを利用するんです。もちろん、彼にとってはそれは痛い出費ではありません。無理なく楽しく使えるお金なんです。こうしてちょっとしたお金を使って世の中に巡らせることで、やがてお金は自分の元に帰ってくると考えています。

安い物ばかりに囲まれていると、次第にケチであることが当たり前になり、どんどんとお金を守るようになっていきます。そうすると、人としてもどこか器の小さい人になってしまいがちです。自分だけ損をしなければいい、周りのことは考えられない、というように自分の損得ばかりを考えるようになってしまうんですね。目的があって節約しているのならともかく、ただ貯金を増やそうと躍起になっているだけなら、もっと世の中にお金を循環させることを意識した方が良いと私は思います。

7 目標ある人生こそステキな人生

お金の使い方や貯め方の目標も大事ですが、人生そのものに目標を持つことで自然とお金についての計画も変わってきます。

たとえば、家を買う、子どもに良い教育を受けさせる、海外に移住する、投資をしてさらにお金を増やすなどなど、今後の自分や家族の目指す目標はありますか？　目標も持たずただただお金を貯めていく人もいますが、そうなると日々のお金の使い方がルーズになったり、モチベーションがなくなってなかなか貯まらなかったりして、いざ必要になったときにあまりお金がないということになってしまいかねません。

一度人生単位での目標を見つめ直し、どれぐらい貯めなければいけないのか、貯めたお金で何ができるのかなどを真剣に考えてみましょう。

また、自分が亡くなった後、貯めたお金を誰に残すのか、誰のために使うのか、というところまで考えたことがありますか？　お金持ちは常に明日死ぬかもしれないという意識で自分の財と向き合っています。子どもがいるなら子どもに残すことを考える人が大半でしょうし、配偶者や親族に残そうとする人も多いでしょう。全額寄付するという方もいるかもしれません。いずれにせよ、貯めたお金は生きている間だけでなく死んだ後にまで循環させることができます。

そんな先のことまで考えられないという人もいるかもしれませんが、大事なことをお話しすると、お金には使命があるんです。その使命を全うさせてやることがお金を持った人の義務だと思うんですね。くれぐれもただ貯めることに執着しないよう、目標を持って貯めること、使うこと、社会に循環させることを意識してほしいと強く言いたいのです。

中には、目標が見つからない、やりたいことや欲しいものが特にないという方もいるかもしれません。そういった方は、お金を貯めるより先にまず目標を見つけることが大切です。目標がなければ人生にハリがなく、困難に見舞われたときに乗り越えるだけの力も持てません。「これがあるから頑張れる」というものがないわけですから、踏ん張る力がないのですね。そして、常に人生にどこか物足りなさや虚しさを感じながら生きることになります。

そうならないよう、ぜひ人生に目標を持って欲しいと思うのですが、それでは目標をどうやって見つければ良いのかというと、とにかく足を動かすことだと思います。習い事でもセミナーでも、自分が少しでも興味を引かれるものがあれば足を運んでみる。あるいは、過去にやってみて失敗したものをもう一度引っ張り出してみる。最初の一歩を踏み出してみなければ始まりません。

また、自分が尊敬する人に会って話を聞いてみることも大事です。その人のようになりたい、生き方を真似したいと思える人がいるなら、まずはそのまま真似をしてみるのも大事なステップです。真似しているうちに、自分が本当にやりたいと思えることや、こうありたいと思える自分の理想像を見つけられるようになるでしょう。

家族と会話をすることも重要です。家族がいるなら、お金は自分だけのものではなく家族と分かち合うもの、家族のために使うものでもあります。ですから、家族にどんな目標や夢があるのかを知って、そのために自分にできることを見つけるのも大切ですね。子どもが海外の大学に行きたいと言うならそれを応援するためにお金を貯めたり、配偶者がお店を持ちたいと言うならその夢を叶えてあげることを目指したりなど、あなたがやりたいと思えること、ここにお金を使いたいと思えることとは、案外身近なところからも見つかるはずです。

そして何より、一人きりで考える時間を毎日少しでも作ること。自分は何をしたいのか、何を成し遂げたいのか、自分に問いかける時間を作ることで、やがてはその答えが見えてきます。「忙しいから」「育児や仕事が大変だから」を理由に、大切な人生の時間を見失わないよう、しっかりと自分の人生と向き合ってください。

8 「安かろう悪かろう」じゃなくて「安かろう良かろう」を買いましょう

お金持ちは、安いからという理由で購入しません。たとえセールで相当安く売られていても、自分に必要のないものや使わないもの、価格に見合わないと判断したものは買わないでしょう。

価格だけでなく、商品の質を見て本当に良いものを選ぶことが結局トクをするのだということを知っているからです。たとえば洗剤やペンなどの消耗品を安さ重視で買ったとしても、質が悪かったりすぐに使えなくなったりしては無駄に小銭を捨てるようなものです。

それが仕事道具だったなら、仕事でのパフォーマンスが下がり、せっかく安い買い物をしても肝心の仕事に悪影響が出て、お金を失う事態に繋がる可能性さえあります。結果的に節約したはずのお金をそれ以上に失ってしまう、そんな「安物買いの銭失い」にならないよう、買い物をするときは「本当に良いものをリーズナブルに買う」ことを心掛けるべきです。

同じ使い道、同じ質、同じパフォーマンスのものをより少ない価格で手に入れることが、賢い買い物です。自分にとって本当にお得なのはどれなのか、見極める目を養っていきましょう。

ただセール品を買わないとか有名メーカーの物しか買わないようにするという意味ではありません。ノーブランドでも中には掘り出し物も紛れていますよね。メーカー名やブランド名も参考のひとつにするべきですが、やはりモノの一つひとつをきちんと見ることが大切ですね。

良いものを見極める目を養うためにおススメしたいのは、良い食器を使っている飲食店で食事をしたり、自宅で普段使いする食器や日用品を良いものに変えたりすることです。日頃から高級なもの、質の良いものに触れておくだけで自然と見る目を養えます。

お皿やガラスのコップのような割れるものだと、高価だから割らないように丁寧に扱おう、使うときも洗うときもぶつけたりしないよう気を付けよう、と考えるようになりますね。その意識が大事なんです。日頃から物を大事に扱う感覚が養われ、振る舞いや物の考え方にまで良い影響を与えられるようになります。

１００円ショップのお皿を使っていたら、「割れてもどうせ安いからまた買えばいい」と考えてしまいますよね。そうなると扱いは雑になるし、安いものを使っているというだけで無意識ながらも心までギスギスとしていくようになるんです。

高価な車に乗ったり高級食器を使ったり贅沢なインテリアを置いたり…、お金持ちがそうした贅沢をするのは、お金が余っているだけではなく、心身を豊かにするためなのですね。お金持ちの振る舞いがエレガントに見えるのは、そのせいなのです。

一方、高級品を買う場合でも、きちんと見極めなければなりません。値段だけを見て、高価だから必ず良いものだろうといった漠然とした感覚で見ていてはいけませんよ。高級品がなぜ高価かというと、金や宝石のようにそのものの価値で値段が決まっているものもあれば、ブランディングによって価値が上乗せされているものもあります。ロレックスの時計やシャネルのバッグ、フェラーリなどがブランディングによって価格が高くなっているものの典型です。

ストラディバリウスのヴァイオリンは原材料が非常に希少ですし、ルイ・ヴィトンは一流デザイナーが一からアイデアを出し作り上げます。高級フルーツは農家が味と質を改良するのに相当な労力をかけています。このように、価格が高いのには高いだけの理由があり、その分、質が保証されているんですね。

そこまでしっかりと理解したうえで値段を見たなら、ただ高いから良いものだろうとは言えないはずです。その背景まで理解すれば、納得してお金を払うことができるでしょう。

また、時計や楽器のように希少なものや骨董価値のあるものは年月が経っても価値が下がることがないばかりか、手放すときに購入したときより高く売れる可能性もあります。そういう意味でも、高級品を買うときにはきちんとそのものの本当の良さや背景を理解しておくことが大切ですね。

9 子どもの良き金銭感覚は親の智慧で育つ

金銭感覚は、親から子へと無意識のうちに受け継がれていきます。親がケチなら子どももケチになってしまったり、親がルーズなら子どももルーズになりがちです。小さいときからそのお金の使い方が当たり前として育つのですから、そうなるのも無理はありません。月に千円もらっている子と一万円もらっている子とではお小遣いの使い方は全く違うでしょうし、金銭感覚も違いますよね。

あなたがもしルーズな金銭感覚になってしまっているなら、そのループを断ち切ることも必要です。また、あなたに子どもがいるなら、あなた自身も悪い金銭感覚を子どもに受け継がせないよう気をつけなければいけません。子ども可愛さに何でも買い与えたり、「○○円あげるからこれをしてね」「テストで何点取ったら○○円あげるよ」などと何でもお金で解決しようとしたりしていませんか？お金を子どもの心を動かすためのツールに使ってはいけません。

人に迷惑をかけたときのお詫びや、事業に失敗して背負った借金の返済、また芸能人にもよく見ますが子どもが法を犯したときの賠償など、親が子どもの失敗の尻拭いでお金だけでなく全てを失うこともあります。

これは、小さい頃から、自分が失敗しても親が何とかしてくれる、お金が足りなくなったら親がくれる、そんな感覚を植え付けられてしまっている子どもがそのまま大人になってしまったケースでしょう。

お金を稼ぐのは苦労することです。たとえ不労所得がある人でも、そこに至るまでに人並み以上の努力をしているのです。子どもはお小遣いという形で特別なことをしなくてもお金をもらえることがほとんどですから、お金を稼ぐ苦労はなかなか理解しにくいもの。ですから、お金を与えることはとても慎重になるべきなのです。小さいときから楽してお金をもらえるような悪習慣は、しっかりと断ち切っておくことが大事です。

それでは、子どもにしっかりとした金銭感覚を身につけさせるにはどうすれば良いかというと、お小遣い制にすることです。給料のようにきちんと「いつ」「いくら」あげるかを決めて与えていくことで、子どもは自分のお金を管理することを覚えていきます。

たとえば月初に三千円と決めたら、1ヵ月でどんなふうに三千円を割り振って使うと良いのか、子どもが自分自身で考えるようになります。この場合の注意ですが、たとえ途中でお金が足りなくなったとしても決して追加で与えてはいけません。我慢すること、諦めることを覚えるのも大事な教育です。先月はお小使いを使いすぎて途中でなくなったから、今月はもっとこんなふうに使おうと反省を生かして使えるようになることが目標です。

最初のうちは、子どもと一緒にお小遣いを1日にどれぐらい使えば月末までもつか、何に使ってなくなってしまったかを話し合ってみるのも良いでしょう。お小使い帳に計画や使い道などを書かせるのも効果的です。

お小遣い制にすることには、子どもがお金の管理をできるようになることの他にもメリットがあります。それは物を買うときの金銭感覚が養えること。自分が欲しいと思ったものはお小遣いの金額で買えるものかどうかで判断するようになると、高い・安いという感覚も鍛えられますね。自分のお小遣いには限りがあるわけですから、それを買ってしまうとその後何も買えなくなると理解できます。

また、もう少し慣れてくると、どうしても欲しいものを買うために、頑張ってお小遣いを貯めるという選択もできるようになるでしょう。この感覚は、親が買い与えていたときには決して気付かなかった感覚であり、大人になってお金を得るようになったときに絶対に必要なものです。

場合によっては欲しいものを諦めたり、どうしても欲しいなら他のものを諦めて貯めたりというように、お金が有限であることを理解して上手に使っていけるように子どもの金銭感覚を育てていくことが大切です。そうして子どもに教えることで、あなた自身もお金の使い方について反省したり見直したりするべきところが見つかるはずですよ。

お小遣いとは別にお金をあげる場合、良い成績を取った、学校に受かったなど子どもが何かお祝いできることをしたときのご褒美なら良いと思うのですが、家事はお金をもらってやることではないのだということは教えたいものです。

10 恋愛とお金は別物

恋は「惚れたもん負け」なんて言葉もありますが、どんなに賢い人でもどんなに周りに多くの異性がいても、ひとたび人間が恋に落ちてしまうと周りが見えなくなり、どんどんと相手に尽くすようになってしまいます。

私のお客さんの中にも恋愛で身を滅ぼした人を幾人も見ましたが、こんなに賢い人が、こんなに地位の高い人が何故と思うようなことがあります。それぐらい恋愛感情は人間には制御しにくいものなのですね。あなたが尽くすタイプなら要注意です。恋愛で身を滅ぼさないよう、恋愛の仕方を変えることが大切です。

たとえばあなたは恋をすると、相手に気に入られたいからと高価な贈り物をする、見栄を張ってブランド物ばかり買う、おしゃれにもお金をかけるようになる、そんなふうにどんどんとお金を費やしてしまう傾向はないでしょうか？　不思議なことに、そうして相手に惚れているうちは、どんなにお金を注いでも浪費していることに気付かないんですね。むしろ、これを買えば相手はどう思うだろうと想像しながら喜んでお金を使ってしまいます。

さらには、相手の異性がプレゼントをもらったり食事を奢られたりしても当然という態度で受け入れてしまうタイプなら、もっと浪費がエスカレートしてしまうでしょう。程度の違いはあれど、クラブの女性にハマって会社のお金を横領するようになったり財産も家族も全てを失ったりしてまで貢ぐバカな男と同じことです。

ハッキリ言いますが、愛情とお金とは別物です。どんなに惚れても自分の大事なお金を不必要に異性に注ぐようなことはやめてください。本当に結ばれるべき相手なら、お金など注がなくても結ばれるものです。

女性にお金を注いで身を滅ぼした男性経営者を何人も見てきて、本当に恋に溺れた人は財を失うのだということを実感しましたね。そして例外なく、大金を費やすような恋は長続きしませんし、お金が尽きた途端に恋だけでなく多くのものを失ってしまいます。

また、惚れた相手にお金を使えば使うほど、かえって自分が安っぽい人間になっていきます。お金を多く払う方が優位に立てると思っていませんか？ そんなことはありません。むしろ相手から見くびられてしまうんです。

この人は何もしなくても自分にお金を注いでくれる、それは自分の方がこの人より上だからだという思いが無意識ながらも芽生えてしまうんですね。お金を不必要に注ぐことは、自分の価値を下げることだと考えてください。当然、自らの価値を貶めるような人には、お金持ちの資質が備わっているとは言えませんよね。

恋愛において見栄を張ってしまう人は、それ以外の部分でも見栄を張って浪費してしまいがちです。友達と食事をするときでも不必要にご馳走したり、無理をしてでも友達付き合いをしてしまいお金を使う機会が増えたりして、どんどんと交際費にお金が消えていってしまいます。

そうして積極的にお金を使って交際をしようとしても、気がつけば自分だけ孤立していたり親友と呼べる人がいなかったりなど、孤独な思いをすることになります。それは、お金を使いすぎることで等身大の付き合いができなくなってしまったからです。

恋愛にしろ友達関係にしろ、無理のないありのままの自分を見せることで、本当の付き合いができるんだということをぜひ覚えておいてくださいね。自分はお金があるから人に注いでも問題ないという人も、付き合いはギブアンドテイクで初めて対等な関係を築けるのですから、あなたから与えてばかりになればバランスが崩れてしまいます。

相手から甘く見られたり甘えられたりするばかりになり、あなたが受け取るものがなくなってしまうんですね。人にお金を与えすぎても、得るものはありません。尽くす体質があるなら、まずはそこを改善し、相手と正面から向き合うことを目指しましょう。

11 癒しこそ次の活力

心身が疲労すると、頭が働かなくなり判断力や思考力が落ちてしまいます。そうなると買い物をするときでも不必要なものを買ったり、高いものも「まあいいか」と買ってしまったりと余計なお金がかかってしまうんです。

仕事が忙しくてなかなか休む暇がないという人も多いでしょう。忙しい人は、実のところ心身が疲弊していて判断や決断が鈍っているから、不要な時間がかかってしまっていることもあります。平常時ならさっさと決断したり行動したりして仕事を終わらせてしまうことができるのに、心身が疲れていると物事の判断が鈍ったり効率が悪くなったりして、ダラダラと時間が流れてしまいます。結果的に、節約できるはずの時間が節約できない。ほんの1時間の休憩時間を捻出することもできない。そんな状況になってしまいがちなんですね。

ダラダラと仕事をしてしまわないために大事なのは、ここまでという線を明確にすることです。会議でも何時までに終わらせる、この時間までに決断できなければこうする、とあらかじめ決めておくと良いでしょう。

私の例ですが、不動産を売却するとなったら、〇月までに必ず売却すると決めてしまいます。そして決めた通り、少々安くても実行に移してしまうんです。どこかで区切りをつけなければ、お金だけでなく大事な時間を失ってしまうでしょう。

貧乏暇なしということわざがありますが、たとえお金があっても時間がない人こそ本当の貧乏なのかもしれません。仕事に追われてリフレッシュする時間を作れない、家族と過ごす時間がないということになれば、一体何のために仕事をしているのかわからなくなりますよね。忙しくて疲れきり、仕事の効率が落ち、仕事が遅れる、そうなるとお金にも繋がりにくい…、そんな負の循環になっている人は、貧乏暇なし状態をみすみす作り上げてしまっていますからすぐに改善すべきです。

どうしても普段は余裕がないなら、休日や睡眠時にしっかりと心身を癒やすことを心掛けてください。疲れているならわざわざ旅行に出かけたり友達付き合いをしたりする必要はありません。ただ一人でゆったりと過ごす時間を作ることが大切です。

さらには、疲労が溜まることのリスクとして、病気に繋がる可能性もあります。忙しくて休む暇がなかったり、忙しいことがストレスになったりして心身の病気のリスクが高まるんです。病気になれば当然治療費がかかりますし、その分仕事が遅れたりストップしたりして得られるはずのお金を逃してしまうことも起こり得ます。

また、最初に人とコミュニケーションを積極的に取りましょうとお話ししましたが、疲れているとそれも疎かになってしまいます。余裕がなくなり、相手を思いやることができなくなったり、人付き合いを断るようになったりしてしまいがちです。

お金持ち体質になるためには、心身の疲れはあらゆることに悪影響を及ぼす大敵なのです。日々の生活にしっかりと休む時間を作り、常に心身に余裕を持てるよう工夫を取り入れましょう。

疲れを癒やす基本は、十分な睡眠時間の確保とバランスの良い食事。それに加えて心身を癒やすなら、血流を良くするためにウォーキングやヨガなどの軽い運動をしたり、マッサージ、エステなどに出かけたりするのがおススメです。デスクワークが多い人は、体のコリをほぐすことが大切。毎日入浴時間をゆったりと作るだけでもずいぶん違います。

疲れたから温泉や日帰り旅行に行こうという人もいますが、これがあまりに頻繁だとかえって心身の疲れを蓄積してしまいますから注意が必要です。旅行が好きならリフレッシュするために旅行に行くのはとても良いことだと思うのですが、忙しい合間を縫って毎月のように行くのでは、心はリフレッシュできても体はさらに疲れを溜め込んでしまい、十分に休めないまま仕事をしなければならなくなるでしょう。

あれこれと言いましたが、心身を癒やす一番の方法は、自分が好きなことをする時間をほどほどに取り入れることだと思いますね。自然や動物、楽器演奏など好きなことは人それぞれですから、疲れない程度に楽しむことでリフレッシュでき、仕事にも意欲的になれるはずです。

12 財布はお金に対する心の表れ

お金持ちの財布の中を見たことがありますか？　彼らの財布の中身は、例外なく綺麗です。財布を見ただけでお金持ちかどうかわかるというほど、パッと見で美しいと感じられます。お札が同じ向きに揃っていたり、カードはほとんど入っていなかったり、小銭はコインケースに分けていたりなど、きちんと整理されているんですね。レシートも前日の夜には取り出されてスッキリしています。これは、お金に対する敬意の表れだと思います。

レシートがたくさん詰まっていませんか？　そういった不要なもの、今日使わないもの、かさ張るものを財布の中に入れっぱなしにしていると、中身が一目で把握できなくなります。つまりは、お金が貯まりにくい財布ということですね。

また、財布はシンプルな形で質の良いものを使うのがおススメです。良いものを使えば長持ちしますし、何より、大切にしよう、綺麗に使おうという意識が自然と養われます。中身も大事ですが、汚れにくい材質のものを選び、ときには綺麗に磨いてあげることも大切です。シンプルな形のものが良いのは、1日にどれぐらい使っているのか見えやすくするためです。これはレシートやカードなどを入れっぱなしにしないようにするのと同じ理由です。

もっとわかりやすく把握したいなら、クレジットカード一枚で全ての支払いを済ませてしまうという方法もあります。お金持ちの中には、どこにどれぐらい使ったか後で一目でわかるよう、できるだけカード払いができる店しか利用しない、全てカードで支払いをしている、という人もいます。現金でなければ金銭感覚が狂うんじゃないかと心配する人もいるかもしれませんが、自分できちんと管理できていればカードを使おうが現金払いだろうが問題ないと思いますね。

日本も多くのお店がキャッシュレスで買い物できるようになってきました。そんな時代に小銭をジャラジャラと持ち歩くのはナンセンスだというお金持ちもいるようです。財布の中身を簡素にすることを突き詰めたら、カード一枚で全ての買い物を済ませてしまうところに辿り着くのかもしれませんね。

金運テスト❸の正解

ビジネスの服装にお金を惜しまない。

本文中にも書いたように、プライベートでは洋服を新しく買うこともなく、汚れた部分を洗ったりシワを伸ばしたりして一枚を綺麗に使い続けていた女性がいました。しかしビジネスの時の服装はいつもぱりっとしていました。

服装がちゃんとしているので、誰も彼女のことをケチだとか貧乏だとか言いませんでした。その一方で貯めるべきところは貯めていました。

ここで重要なのは、女性としての魅力を高めるためにお金をかけるのではなくて、周りから信頼を得るためにお金をかける、ということです。

男性の場合も、ネクタイや背広をオシャレのつもりで選んでいないでしょうか。それはもったいないことです。選ぶ基準は、周りからみて「きちんとしているなあ」と思われることなのです。

第6章◉

「成功する」

電話一本でわかる成功者の「資質」とは

どんなに忙しくても、世の中の動きに目を配ることは毎日必要です。そのためには、そういう「お勉強」の時間を毎日つくることです。オンタイムで行動することは、時間をひねりだす、という点で非常に重要です。電話一本、メール一つを後回しにするか、今すぐやるか。

成功できる人とそうでない人の差はここにあると私は思います。すぐに終わらせられることはすぐに終わらせて、タスクを後に残しておかないことが大事です。簡単なことほどすぐに処理してしまうべきです。常にスッキリとして大事な仕事に取り組めるよう心がけたいですね。

私には娘がいますが、子どものために時間をつくることも同じだと思っています。娘が幼稚園の頃、先生に「お母さん、完璧じゃなくていいんです。忙しいときはお弁当を業者に頼んでもいいんです。みんなそうしていますよ」と言われました。私は決して完璧ではありませんが、子どものお弁当だけは、どんなに忙しくても自分で作ると決めていました。

もちろん、人それぞれにルールは違うと思いますが、自分で決めたことは最低限きちんと守ることがとても大事だと思っています。子どもの例で言いましたが、一事が万事です。仕事においても、これだけは必ず自分でやる、この用事だけは人に任せないというルールを自分なりに決めているなら、その決めたことは後回しにせずその場で処理していく癖をつけるようにしたいですね。時間をかけて取り組むべき仕事でない限り、さっさと済ませてしまうべきです。

用事を後回しにすると、同じ仕事でも倍の時間と労力がかかります。

後からやろうとすると、そのとき言われたことを思い出さないといけません。必要なデータを探すところから始めなければなりません。思いだす時間と探す手間、考える手間、これが通常の仕事に上乗せになるのです。ただでさえ忙しいのに、余計な手間や労力を使っている場合ではありませんよね。そんなふうにパンパンにやるべきことを抱えて、心身ともに疲労した状態で、お金を引き寄せられるでしょうか？

オンタイムで生きることは、人としての信頼度にも大きな影響があります。忙しい人ほど、オンタイムで生きることを目指してほしいと思います。

また、お金がたまる人は、時間を作り出すのが上手です。

納期ギリギリに仕事をしていては、何かあったときに遅れが生じて信頼を失ってしまいます。仕事が早いということは、信頼を得ることにも繋がるんです。

時間にルーズに生きている人の時間の作り方は逆です。とにかく行動が遅く、後回しにできるものは後に回すことで時間を作ろうとします。後に回せばさしあたり「今」少し余裕ができるのは確かです。

しかし、仕事が早い人との大きな違いは、やるべきことを抱えたまま時間を作るか、やるべきことを処理してスッキリとした状態で時間を作るかということ。やらなければならないことを抱えたままいれば、精神的にも余裕がなくなったり、下手すればそのまま忘れてしまって周りに言われて思い出したり…、なんてことになりかねません。

お金持ちは、ほんの10分の時間でも有効に使い、余裕を作っていきます。お金のない人がダラダラとテレビを見ている1時間を、仕事や情報収集に使います。1日1日の差、1時間2時間の差が貧富を分けていくのです。

仕事が遅い人は、「明日は必ず来る」ものだと信じています。大げさでも何でもなく、お金持ちは、「明日は来ないかもしれない」という考えを常に胸に秘めています。

今日と同じ日が明日も来るとはかぎりませんよね。急逝された友だちやお客さんもたくさん見てきて、そのことが本当に身に染みています。頭では皆さんもわかっていらっしゃるのでしょうが、それを日々実感しながら生きるのは非常に難しいことです。けれど「それができる」「できない」の差が、日常生活のちょっとした振る舞いや仕事の仕方にまで影響を与え、お金を引き寄せる力を変えるのです。

成功者の周りには成功者が集まる

お金のある人には自然とお金のある人が寄ってきます。同じぐらいの財力があると、考え方や生き方、お金の使い方も似てきますし、自然と話も合って対等に話すことができます。お金に対する価値観や考え方が良い意味で同じであり、一緒にいれば自然とお金やビジネスの話をして切磋琢磨することができるのです。

お金持ちにはお金やビジネスに繋がる人を見極める目があります。そして、自分だけが豊かになるのでなく、周りも巻き込んでみんなで豊かになるという意識を持っています。だから、自然とお金持ちの周りにはお金持ちが、成功者の周り

には成功者が集まるのですね。

お金がある人、成功者の資質がある人を見極める目を養うことも大事です。お金があるかどうか、成功できるかどうかは、見た目や現状だけではなく、その人の中にきらりと光るものがあるかどうかで見極めます。多くの成功者を見たり話をしたりすることで、成功者の資質を嗅ぎ分ける本能や敏感にお金持ちの匂いを察知する力が養われていきます。

商売の例でいくと、生命保険の勧誘でカレンダーを配ったりしているでしょう？カレンダーを作るのに当然お金がかかっていますし、それを配る労力もかかります。だけど、カレンダーをもらったから、さあ保険に入ろう、という人なんているでしょうか？

これは非常にナンセンスですよね。お金と労力の無駄です。お金をかけなくても、たとえばもっとわかりやすく保険のメリットを説明するとか、相手の話を聞いて本当に必要な保険を紹介するなど、もっと効果的な営業方法があるでしょう。

成功した自分の姿をイメージする

「貧すれば鈍する」という言葉がありますね。貧乏して生活が苦しくなると、精神的な働きまで愚鈍になり、品性がなくなってしまうということです。お金がなくなると、人は切羽詰まり自分のことだけで精一杯になってしまいますから、この言葉は言い得て妙ですね。

もちろん、お金がなくても品が良く視野の広い人もいるでしょう。そういった方は努力をして品性を保っているか、後々成功者になるべき人だと言えます。いずれにせよ、自分の信念を持って努力し続けている人は、やがてお金を得られるようになるものです。人が寄ってくる魅力のある人には、お金も寄ってきますし、その反対もまた然りです。

お金持ちになるために精一杯仕事をするのは当然のように思えるかもしれませんが、これでは「貧乏暇なし」状態になってしまいます。目先の仕事のことで常に頭がいっぱいになれば、自然と視野も狭くなり、お金に繋がるチャンスをかえって見逃してしまうんですね。

お金を得る、そしてそれを使う、そのループではお金持ちにはなれません。お金持ちは、お金を得たら、いかにしてそれを手元に戻すか、お金を循環させることを考えているのです。だから、お金を稼ぐことよりも、使い方にこだわるのですね。

私は、楽をして稼ぎましょうとか、投資して不労所得を手に入れましょうとかいったことを安易に言いたくはないと思います。なぜなら、自分が投資をしてきて思うのは、やはり楽なことではありませんし、失敗のリスクも背負うからです。

お金持ちになりたければ、リスクを承知でやりなさいということでもありません。「お金に選ばれる人間になりなさい」と強くお伝えしたいですね。そう、変えるべきは仕事でも儲け方でもなく、「あなた自身」なのだと思います。

資産の違い以外で、お金持ちとそうでない人の決定的な違いって何だと思いますか？

それは決して運でもアイデア力でも持って生まれた才能でもありません。「自信」の違いなのです。

人に愛される自信、お金に愛される自信、お金をうまく使いこなす自信…、そういったものがお金のない方には欠けているように思います。

それからもうひとつ大事な違いを挙げると、「お金を愛する気持ち」でしょう。

貧乏な人は、お金に対して罪悪感があります。お金のことばかり考えるのは悪いこと、お金で人や物の価値を測るのはいけないこと、そんな気持ちが常にあるようです。まずそこを直さなければ、お金持ちには決してなれません。お金を愛していない人は、お金にも愛されないのです。

お金のない人は、お金持ちになりたいと憧れながらも、実際に自分が巨万の富を築き上げたらどうなってしまうんだろうという不安も抱えています。

努力してお金持ちになった人には、自然とお金持ちの資質が養われていきます。

たとえば、宝くじや賭け事で大金を当てたとか、世間に言えないことをして大金を稼いだような、偽物のお金持ちは品性が伴わないままお金を得てしまうので、漫画に出てきそうな下劣なお金持ちになってしまう可能性が高いのです。

でも自分なりに努力して成功してお金持ちになった人には、自然とお金をきちんと扱える資質と人としての魅力が備わりますから、何かが変わってしまうんじゃないかと心配する必要はないでしょう。

ハッキリ言います。自分に自信のない人はお金持ちにはなれません。そこそこの小金を稼いで満足してしまいます。そして、それも決して悪いことではありませんから、あなたがそれで満足だと言うなら、そのような人生を目指せば良いと思います。

最初から努力することを放棄してしまっては、生涯、今あるあなたのまま、変わることはできません。

成功者が抱く自分の理想イメージ

成功できる人の持っている理想のイメージはかなり明確です。自分がどの分野でどれぐらい成功してお金を手にしているのか、周りからどう評価されているか、どんな幸福を手に入れているか、ハッキリと思い描けているんです。

さらには、それが決してただの理想だとは思っていません。

それが未来の自分の姿だと強く信じていて、それに向けて何をどうするべきか頭の中で計画まで出来上がっているんです。

普通の人なら、大きすぎる夢に対してはただの夢だとか叶うはずがないと思い込んでしまいますが、お金持ちは違います。大きな夢があると、どうすればそれを叶えられるか、そのために自分に何ができるかを真っ先に考えるんです。自分を信じる気持ちが並外れて強いのですね。だからこそ、強い信念と信条を持って生きられますし、周りの人はそんな強さを持つその人に魅力を感じて、付いていきたい、この人から学びたいと望むようになるんです。自分を信じる力が、人に信じさせる力にもなるのですね。

ただし、ただの自信過剰になってはいけません。成功者は、リスクを抱えていることも当然理解したうえで自信を持っているんです。困難に陥ったときにいかにして乗り切るかまで想像していて、リスクコントロールできる自信があるんですね。叶うはずがないと諦めてしまっている人は、リスクがあることそのものに不安があったり、そもそもリスクがあることにさえ気付かないまま諦めてしまったりしているのかもしれません。

リスクさえ乗り越える自信を持つには、やはり明確に想像することが必要です。そのためには、まずは小さな成功体験を重ねていくと良いです。大きな成功の前にはいくつもの小さな成功を経験することが大事なのです。

エピローグ◉

私が目指すこと

お金というものは、人に福をもたらすものだと思います。反対に、お金を失うことで、人も仕事も名誉も多くのものを失うことにもなります。税理士やコンサルタントとして多くのお客さんと関わる中で、多くの資金繰りに困っている方も見てきました。

「借金は命を削る鉋（かんな）かな」という言葉があります。借金を抱えて苦しんでいる人は寿命が縮むという意味ですが、多くのお客さんを見てそれを本当に痛感します。借金がこんなに人を変えてしまうのかと驚かされるんです。借金を背負った中小企業の社長さんたちは、歩き方や声の出し方、顔の色艶までも変わってきます。夢のある楽しいお金を使うのなら良いのですが、事業がうまくいかず多額の負債を背負ってしまうと、自信を失い人生に絶望して、瞳から光が消えてしまうのです。

何とか自分を奮い立たせようと足掻《あが》いても、本質から変わらなければやはり乗り越えられません。目先の利益や仕事のことで頭がいっぱいになっているうちは、希望さえ見失ってしまうんです。

そんな人生は絶対に送ってはいけないと思います。私自身もそうですし、お客さんにもそのような人生を送ってほしくない。なぜなら人は相乗効果で幸せになるものですから、自分だけが豊かで幸せになるというのはかえって難しいことなのです。

お金持ちの周りには自然とお金持ちが集まるでしょう？　本当のお金持ちは、自分だけが豊かになって一人勝ちしようとは思っていません。みんなで豊かにならなければ自分も幸福になれないことを知っているんですね。苦しんでいる人が瞳に生き生きと光を取り戻せるよう後押しすることが、私の目標であり、使命だと思っています。

令和二年二月吉日

融資コンサルタント　匹野　房子

平成出版 について

本書を発行した平成出版は、基本的な出版ポリシーとして、自分の主張を知ってもらいたい人々、世の中の新しい動きに注目する人々、起業家や新ジャンルに挑戦する経営者、専門家、クリエイターの皆さまの味方でありたいと願っています。
代表・須田早は、出版に関するあらゆる職務（編集、営業、広告、総務、財務、印刷管理、経営、ライター、フリー編集者、カメラマン、プロデューサーなど）を経験してきました。そして、従来の出版の殻を打ち破ることが、未来の日本の繁栄に繋がると信じています。志のある人を、広く世の中に知らしめるように、「読者が共感する本」を提供していきます。出版について、知りたい事やわからない事がありましたら、お気軽にメールをお寄せください。

book@syuppan.jp 平成出版 編集部一同

ISBN978-4-434-27291-2 C0036

令和に「お金持ち」になれる本

令和2年（2020）3月28日 第1刷発行
（2月22日下版
2月 8日 校了）

著 者 匹野 房子（ひきの・ふさこ）

発行人 須 田 早

発 行 平成出版 株式会社
〒104-0061 東京都中央区銀座7丁目13番5号
ＮＲＥＧ銀座ビル１階
経営サポート部／東京都港区赤坂8丁目
TEL 03-3408-8300 FAX 03-3746-1588
平成出版ホームページ https://syuppan.jp
メール : book@syuppan.jp

発 売 株式会社 星雲社（共同出版社・流通責任出版社）
〒112-0005 東京都文京区水道1-3-30
TEL 03-3868-3275 FAX 03-3868-6588

編集協力：森本ふくみ、安田京祐、大井恵次
本文イラスト：イラスト AC Puckung ／ PIXTA
制作協力・本文 DTP：P デザインオフィス
印刷：(株) ウイル・コーポレーション